哲学的迷途

你不得不知的十大哲学错误

Ten PHilosophical Mistakes

[美]莫提默·艾德勒 著
刘冬冬 译

中信出版集团 | 北京

图书在版编目（CIP）数据

哲学的迷途：你不得不知的十大哲学错误 /（美）莫提默·艾德勒著；刘冬冬译 . -- 北京：中信出版社，2019.7

书名原文 : Ten Philosophical Mistakes

ISBN 978-7-5217-0209-5

Ⅰ . ①哲…　Ⅱ . ①莫… ②刘…　Ⅲ . ①哲学—研究 Ⅳ . ① B

中国版本图书馆 CIP 数据核字（2019）第 042614 号

哲学的迷途——你不得不知的十大哲学错误

著　　者：［美］莫提默 · 艾德勒

译　　者：刘冬冬

出版发行：中信出版集团股份有限公司

（北京市朝阳区惠新东街甲4号富盛大厦2座　邮编　100029）

承 印 者：北京诚信伟业印刷有限公司

开　　本：880mm × 1230mm　1/32　　印　　张：7.25　　字　　数：115千字

版　　次：2019年7月第1版　　印　　次：2019年7月第1次印刷

京权图字：01–2019–2966　　广告经营许可证：京朝工商广字第8087号

书　　号：ISBN 978–7–5217–0209–5

定　　价：42.00元

服务热线：400-600-8099

投稿邮箱：author@citicpub.com

目录

第二部分

致读者

书的名字有的时候会引起误解，有的时候则表述不准确。这本书的名字不会引起误解，但表达不够准确。

读者们会发现，这本书中有不止十个错误被考察和纠正。但是，这些错误关涉十个主题。一个完全表达精准，但也更为麻烦的题目可以是：曾经造成哲学错误的十个主题。我相信读者也会理解我为什么会选择较短的题目，虽然这个题目并不那么精确。

读者们也会发现，第一部分的 5 个章节比第二部分的 5 个章节篇幅更长。究其原因，第一部分讨论的问题更难表达清楚，也更难纠正它们所涉及的内容。也许我还应该补充说明一下，在我的判断中，第一部分讨论的哲学错误是更基本的，并且在近代思潮中造成了严重的后果。

我并没有试图论证或证明我提出来的修正这些错误的理论是真理，我想让读者依靠自己的常识去分辨，我提出来的修正理论是否具有真理的光环。

序言 初始之处的小错误

1

“初始之处的小小错误，会在随后产生千倍的谬误。”亚里士多德在公元前 4 世纪这样写道。

16 个世纪后的托马斯·阿奎那对此进行了回应。他解释道，实际上，一开始很小的错误也会导致极其严重的后果。

但无论是亚里士多德还是阿奎那，其心灵中都没有这些哲学错误，即这本书关注的所有初始之处的小错误。这些错误都是近代哲学的错误，是自 17 世纪以来哲学家们所犯的错误。17 世纪，由英国的托马斯·霍布斯和法国的勒内·笛卡儿肇始，从他们的思想开始发生了偏离。

在一两个例子中可以发现，我们这里要讨论的哲学错误重复了古代就发生过的错误。但是这并不能改变这样一个事实，即所有的这些错误，即便不是全部的，也通常都是源于近代，并在近代思潮中产生了严重的后果。

这些严重后果不仅弥漫在近代哲学思潮中，而且在今天普遍盛行的错误观念中有所体现。它们都指向同一个方向。它们影响了我们对自身、对我们的生活、对我们的制度和经验的理解。同时，正如它们蒙蔽我们的思想那样，它们也误导了我们的行为。

它们不是纯粹学术意义上的隐匿谬误。它们以多种方式被传播并盛行四方。我们中的许多人在心灵中也不知不觉地庇护了这些错误，并且不知道它们何时产生，或者从何而来。

2

将这些哲学错误称为“小错误”并非轻视它们。更确切地说，它们是极其简单的错误，一两句话就可以表述清楚。修正它们的真理相对简单，也可以用一两句话就表述清楚。

然而，它们的简单性，并不能排除随之而来的特定的复杂性。一些小错误涉及了许多相关的要点。还有一些小错误涉及一些相关的方面。有些错误是双重错误，包括了错误的两个极端。

从它们的简单性来看，或者甚至从伴随而来的复杂性来看，它们是长期思考初始之处就发生的错误，通过许多步骤从错误的前提引向这些前提最终会导致的错误结论或结果。

一开始，在发现后果之前，这个错误看起来是无辜的，并不引人注目。只有当我们面临那些通过令人信服的推理得出来的令人反感的结论时，我们才会被迫重新审视自己的步骤，找出错误所在。这样下来，那些最初看起来无辜的错误，就变成了罪魁祸首——一只披着羊皮的狼。

不幸的是，许多近代思想并没有以这种方式，寻求避免那些由于某种原因而被认为是不可接受的结论。近代思想家并没有采取重新开始那些在最初的小错误中回到源头的步骤。他们试图用其他方式规避最初的小错误带来的结果，因而常常使得问题更加复杂化，而不是克服它们。

近代思潮中产生的进步，并没有减轻那些灾难性的后果，即不放弃初始之处错误得出的结论带来的后果。用真前提代替假前提来重新开始，将从根本上改变近代哲学呈现的景象。

3

这些哲学错误在接下来的章节中的顺序有些武断，但并非完全如此。

如果它们（那些错误）对人类生活和行为的严重性，成为决定哪一个错误在先的标准，那么章节的顺序可能要颠倒了。十个章节的后六个章节关注的是在我们日常生活中，具有更明显实际价值的事项。从纯粹意见的角度来看，前四个章节则显得没有那么值得探索或研究。（它们认为）没有客观有效的、普遍适用的道德标准或规范。这种对普遍规则的否认破坏了整个自然学说、人权理论，更糟糕的是，它支持了教条式的宣言，可能使它们成为正确的。

第六个错误紧随第五个错误。它包含了对幸福的定义——这个词我们用来表述那些每个人都为了自己的利益而追求的东西——带有纯粹的心理满足状态，即当我们获得我们想要的东西的时候，我们经验到的状态。近代思潮和我们这个时代的人，普遍地完全忽视了幸福的其他含义，即幸福作为我们终生良善生活的道德品质。这个错误加上两个相关的错误——未能区分出需要和欲望（想要），以及未能区分出真正好的东西和表面上好的东西——破坏了近代所有产生健全道德哲学的努力。

第七个错误与其余的不同。我们在此关注的是一个老生常谈的争论，即那些认可人具有自由选择权的人，和那些否认自由选择具有充分理由的决定论者之间的争论。这里的失败是一种理解上的失败。对于决定论者来说，这种误解伴随着他们对自由选择和道德义务之间关系的错误看法。争议双方关注的问题是没有关联的。决定论者不理解自由意志和自由选择的理由。因此他们的论点就失去了意义。

第八个错误是令人震惊的，但在我们今天也仍是广泛盛行的，即否认人类本性（human nature）。这个断言走向极端，即认为在我们在所有的人类种族的亚群体之间，没有发现行为倾向和特征之间的共通之处。

第九个错误涉及各种形式的人类组织的起源——家庭、部落或村庄、国家或市民社会。由于无法理解人类交往的基本形式既是自然的，又是约定的（在这方面，不像其他群居动物本能地以特定方式交往，它们只是自然的），它给我们强加了两个不必要的虚构——其一是个人生活在彼此孤立的原初状态的虚构，其二是人类通过社会契约离开原始状态，进入公民社会的虚构。

第十个错误是一个形而上学的错误。它存在于一种被称为还原论的谬误之中，即把更大的现实性赋予有组织的整体的各个部分，而不是赋予这个整体本身；甚至更糟糕的是，坚持认为只有最基础的组成部分具有现实性，而它们所构成的整体则是纯粹表象，甚至是虚幻。根据那个观点，构成物理世界真实存在最基本组成部分是构成原子的基本粒子。当我们把人类个体看成具有他们似乎具有的真实存在和持久的身份时，我们正在遭受一种错觉。如果是这样的话，那么我们对我们的行为就没有道德责任了。

正如我指出的那样，这些错误中的一部分在古代就有其原型。在亚里士多德那里，我们可以找到对它们的反驳。这些错误在近代思想中的盛行，也清楚地表明了对亚里士多德修正那些错误的忽视。

我希望这篇对近代哲学错误十个主题的简短总结能够激发读者探索哲学错误和学习如何纠正哲学错误的兴趣。当读者已经有了这些兴趣，他们可以转向结语处，了解这些错误如何产生、由谁造成以及他们如何避免的一种历史性的解释。

第一部分

第一章

意识及其对象

／

1

我们将从一些众所周知的问题开始，提出与其相关的问题。这些哲学问题有着完全对立的答案——正确的或者错误的。

当我们熟睡且无梦的时候，我们是无意识的。这种状态可称作无意识状态，我们实际上是在说：

——我们不知道周围的世界以及我们自己的身体正在发生着什么；

——我们什么也没有领会到，什么也没有察觉到；

——我们的心灵是空白的或空洞的；

——我们的经验空无一物，或者说我们正在经历一个无经验的时间间隔。

说我们什么也没有察觉到，或者什么也没有领会到，相当于说我们什么也没有感知到，什么都不记得，什么都没有想象或者思考。我们甚至可以补充为什么都没有感觉到或者感受到。

这一系列的词语——感知、记忆、想象、思考、感觉和感受——几乎穷尽了我们的心灵在我们清醒且有意识的时候可能从事的行为。当这些行为没有发生时，我们的心灵是空白的或者空洞的。如果是这样，也可以说我们没有感知、记忆、想象、思考、感觉和感受。

乍一看，前面许多内容似乎都是重复的，我们好像一遍又一遍地说着同样的话。但我们很快会看到，事实并非如此。在上述的各种表达中，它们各自正确或错误地回答了这个关键的问题：当我们有意识时，我们到底“意识”到了（conscious of）什么？

让我换一种方式提出这个问题，我们察觉到了（aware of）什么？我们正在经历或者经历过了（experience of）什么？

所有这些问题中都有一个关键的介词“of”。从语法上来说，它需要一个对象（object）。什么是为所有这些相关问题提供答案的对象呢？

还有一个问题：当我们有意识时，我们的心灵不是空白的或者空洞的，那么是什么填充了我们的心灵？较为公认的答案是，源源不断的意识流或思想流充溢了我们的心灵，构建了我们的经验。但它由什么组成？换句话说，意识变化的内容是什么？

对此问题的一个答案是，“观念”（idea）一词可以表达当我们有意识时，所有填充我们心灵的不同类型的东西。这个词已经被近代哲学家们使用过，在介绍其使用方法中最出名的是约翰·洛克。在《人类理智论》（*Essay Concerning Human Understanding*）的序言中，他告诉读者他将这样使用“观念”一词：

> 在开始进入我对这个题目（人类的理解力或认识）的思考之前，我得请求读者原谅我常常使用“观念”一词。我想这个名词最能用来表示一个人在思考时理解的任何对象，我用它表达……人的心灵在思考中所能运用的任何东西……我假设人们会很容易地同意我，承认在人的心灵中是有这样的观念的：每一个人都意识到自身中的这些观念，而人的言行将会使他确信别人也有这些观念。

洛克对“思想”（thinking）这个词的使用与他对“观念”这个词的使用一样是全方位的。他使用“思想”表达心灵的全部行为，正如他使用“观念”表达心里思考时的全部对象，或者当我们有意识时，意识的所有内容。

正因如此，“思想”一词代表所有的精神活动，详细来说包含了“感知”“记忆”“想象”“构思”“判断”“推理”等名称，也包括“感觉”和“感受”。同样的，“观念”一词也是被全方位地使用，涵盖了各式各样的不同的内容：感知、记忆、想象、思想或概念，感觉和感受等。

客观公平地说，洛克并没有用“观念”一词来生硬笼统地概括各式各样的精神活动。事实上，他不仅区分了这些活动，还进一步细分了能把这种精神活动带入心灵的行为，或者说那些使心灵产生意识的行为。

我们承认洛克的这些区分，但问题的关键在于洛克是否对此进行了正确的区分。这反过来将会涉及我们在此处关注的关键问题：当心灵意识到什么东西的时候，它的对象是什么？对上述问题的错误回答，以及由此产生的所有后果，将会是本章所要探讨的哲学错误。

2

上述洛克著作序言中的引文告诉了读者两件事情：

其一是洛克希望他同意当他有意识的时候，他自己的心灵有观念；其二是读者将会承认当其他人有意识的时候，这些其他人也有属于自己心灵的观念。

由于一个人无法意识到其他人心灵中的观念，洛克指出的第二个观点意味着通过他人的言行，我们可以推断出他人的心灵中也有观念，正如我们自己有观念一样。

这两个观点共同提出了一个重要的基本说明。我心灵中的观念是我的观念，你心灵中的观念是你的。这些物主代词提醒人们注意这样一个事实，即任何人的观念都是主观的：它们属于那个人，而不是其他人。正如世界上多种多样的人有多种多样的心灵（human mind），各具特色的心灵也有着各具特色的观念。

每个人都有自己特有的东西。按照洛克的观点，只有一个人自己的观念，才是他或她清醒时意识的对象。没有人可以意识到他人的观念。它们绝不是任何其他人可以立即意识到的对象。由于我们无法直接意识到他人的观念，因此为了承认其他人也有观念，我们必须总是依据他人的言行做出推理。

如果把“对象”这个词应用于我们清醒时意识到的观念，会导致我们认为观念是客观的或者具有客观性的，那么我们就会面临一个显而易见的矛盾。我们会说出一些关于观念矛盾的事情：一方面，我的观念完全是我的，不是你的或者任何其他人的，这是主观的；另一方面，我的观念也有客观性。

我们不得不承认，对于任何一个人来说，其他人心灵中的观念并非他或她可以意识到的对象。它们（观念）的主观性超出了人们可以直接意识到的范围。换句话说，特定的人心灵中的观念仅仅是这个人自己（心灵）的对象。它们不会被其他人直接领会。

让我们暂停片刻，考虑一下“客观的”和“主观的”这两个词的含义。当某些事物对你、对我或相对于任何其他人来说都是一样的时候，我们称之为客观的。当某些事物对一个人来说与其他人不同时，或者说当它完全排他性地被一个人所有，而不被其他人所有时，我们称之为主观的。

为了加深对“主观的”和“客观的”之间区分的理解，让我引入另外一组词：“公共的”和“私人的”。这两个词可以用来将我们所有的经验划分为公共的和私人的。

如果一段经验对两个或者两个以上的人来说是普遍的，那么它就是公共的。它未必对所有人来说都是普遍的，但它必须具有潜在的普遍性。如果一种经验只属于一个人，并且不能与他人直接分享，那么这种经验就是私人的。

我将通过提出我认为的（并且是我希望读者也会认同的）清晰且无争议的例子，来说明公共经验与私人经验的区别。

我们的身体感受，包括我们的情绪或激情，都是私人的。我的牙疼、烧心或愤怒等都是我可以直接经验到的。如果你也有过类似的身体感受，当我告诉你的时候，你会理解我在说些什么。但是理解我所说的是一回事，你自己拥有这些经验则是另一回事。

你可能曾经拥有过类似的经验，这将有助于你理解我在说些什么。但是你不需要与我同时经验某些事情，以便明白我指的是什么。无论如何，你永远无法与我感同身受。

与我们身体感受（bodily feeling）形成鲜明的对比的是，我们的感知经验（perceptual experience），后者是公共的，而非私人的。当你我共同坐在一个房间里，我们之间有一张桌子，上面放着酒杯和一瓶酒，你我都感知到了同样的东西——这不是我们自己的观念，而是我们之间的桌子、酒杯和酒。如果我稍稍移动桌子，或者将瓶子里的酒倒入酒杯中，我们就会分享到同样的经验。这是一种公共经验，但品尝美酒的滋味和随之引起的烧心的感觉则不是公共的经验。

我的感知（或者认知）与你的不同。我们每个人都拥有自己特有的东西，例如每个人都有自己的身体感受。但是，尽管我的感知与你的感知在这个意义上是主观的（仅仅属于我们每个人自己的），但我拥有这些感知则源于我们普遍的或公共的经验，这是我们主观的身体感受所不具备的。

借用洛克的术语，感知经验和身体感受是我们每个人自己都会拥有的观念。但是某些特定的主观观念，例如身体感受，是完全主观的。它们仅仅是那些经验过它的人的意识对象。尽管它们也可能因为这个原因被称为对象，但它们没有任何的客观性。相对应的，其他的主观观念，例如感知或认知，是源于公共的而非私人的经验，因为它们的对象可以直接同时被两个或者更多的人经验到。

3

所有的观念都是主观的。我有我的观念，你有你的观念，并且它们对我们来说，永远不是同一的或者普遍的。它们不会如此，正如你身体里的细胞或者组织不会与我身体里的细胞或组织是同一的或者共同的一样。

这里有必要引入观念与身体感受、情绪和感觉（sensation）之间的区别。但不幸的是，洛克并没有注意到这种区别。任何可以适当地被称为观念的东西，都有一个对象。感知、记忆、想象、概念或者想法都是这类可以被称为观念的词语，但是身体感受、情绪和感觉则不是。我们可以直接领会它们。它们不是我们领会别的事物的手段。

我刚才所说的在极少数情况下也适用于刺激外部感官而产生的感觉，例如突然看到一束光线、听到意外的响声，以及无法辨别的奇怪气味。这些感觉并没有进入我们对任何事物的感知（perception）。相反，当我们感知时，我们直接意识到了我们认知（percept）之外的东西（something other）。

什么是认知之外的东西？答案是当我们分享源于我们的感知活动（perceptual activity）的经验时，我们感知（perceive）到的桌子、酒瓶和杯子。我们对桌子、酒瓶和杯子的经验是一种公共的经验，不是完全属于我们自己的私人经验。

这些真实存在的东西是我们的感知意识的对象，而不是使我们能够意识到或者领会它们的认知或者感知。这就是为什么我们可以谈论它们，将它们看作我们正在共同经验的东西。以桌子为例，它是感知的对象，我们都可以在同一时间领会

（apprehending）这个桌子就是你和我一起移动到房间另一个地方的桌子。

对约翰·洛克来说，我们对于我们自己观念的察觉（awareness）是完全私人的经验，完全属于我们自己的东西。对于所有以这种或者那种方式认同洛克观点的人来说，都认可他这样的一个观点，即当我们有意识时，我们心灵中观念的对象是我们直接察觉到或者直接领会到的对象。他们实际上是说，当人们有意识时，所有个人心灵中的观念，都是源于他自己的私人经验，这种私人经验是完全无法同他人分享的。这个哲学错误给近代思想带来了极其严重的后果。

4

在我指出洛克关于意识及其对象的这个哲学错误造成的后果之前，我将稍微地说明一下与之对立的观点。

用他自己（洛克）的说法来表述这个观点不仅会使得相反的观点产生的问题更加尖锐，而且也会带来某些特有的困难。这个需要首先得到解决。

读过前几页的读者可能已经对对立的观点提出了反对意见。

他们可能已经注意到刚才提到的困难。他们可能会认为，对立的观点在对立面走得太远，并且沿着洛克观点的逻辑走向对立面得出的结论会产生令人反感的后果。

有必要记住，对立的观点并非适用于所有的观念，而是仅仅适用于一些观念。不适用于身体的感觉（bodily sensation）、感受、情绪，以及在极少数情况下，由刺激我们的外部感官产生的感觉等观念。所有这些我们直接意识到的痛苦感受、遭受到的愤怒、突然刺眼的光线、刺耳的声音，以及我们无法辨别的奇怪气味等被认为是私人经验的观念，都没有进入我们对任何事物的感知。

所有这些都是即刻经验的对象。它们不是我们领会其他任何事物的手段。它们自身就是我们领会的对象。

除了这些例外，所有我们其他的观念都可以被看作是具有认识（cognitive）特征的——作为认识的工具。它们自身不是领悟（理解）的对象，而是我们用以（by which）领会其他非观念对象的工具。

这里的用以（by which）就是洛克的观点区别于其对立观点的线索。对洛克来说，所有的观念都是“那些”（that which）当我们意识到某些事情时候领会到的东西。按照对立的观点，一些观念（我们认识的观念）是我们用以（that by which）领会我们意识到的对象的工具。

这个对立的观点曾被托马斯·阿奎那简单地表述过，大致与洛克在《人类理智论》中的表述相当。为了避免可能会让当代读者产生困惑的术语，我将对此进行解释。在《神学大全》（*Summa Theologica*）的第一部分的一篇文章《人类论》(Treatise of Man)，阿奎那提出了我们的观念［我从洛克的全方位（omni-comprehensive）这个意义上使用这个词］是否是“那些”当我们有意识时我们领会到的东西，或者是我们用以（by which）领会非观念对象的工具。伴随一项限制条件，留待在更适当的时候考虑，阿奎那给出的答案更强调“是用以……之物”。

我将详细地解释这个答案。这意味着我们的经验感知到事物（perceived things），但是从来没有经验到那些我们感知到事物时我们的认知。我们记得过去的事情或者过去发生了什么，但是我们从来不会察觉到那些我们记住它们的记忆。我们可以意识到想象或者想象的对象，但是我们从来不会想象我们想象它们这件事。我们领会到了思想的对象，但是从来不会对我们思考它们形成概念。

读者可能会问，你的意思是说我从来都没有意识到或者察觉到我能够在心灵中产生的记忆或者想象，并且我不能直接检验我心灵中能够由此形成的概念或者构想吗？

这个问题的答案明显是肯定的，无论它与我们不精确的语言习惯多么截然不同。一个认识观念（包括感知、记忆、想象和概念）不能同时既“是那些”我们直接领会（apprehend）的东西，也是那些我们用以领会其他东西——一些不是我们自己心灵中的对象——的手段，那些对象不同于我们的主观观念，而是可以成为两个或者更多的人考虑或者谈话的对象。

让我们回到你我正一起坐在桌子旁，桌子上有酒和杯子的那一刻。我们起初知道我们察觉到这些对象是公共的或者共同的经验，一个我们两个可以分享的经验。如果我们两个中的任何一个除了自己的感知观念外——他自己的感知观念，没有察觉到任何东西，那么这种共同的经验就是不可能的。它之所以对于我们两个来说是共同的经验，是因为我们共享的，基于我们两个都领会到的同样的知觉对象——桌子、酒瓶和杯子是真实存在的，而非我们自己特别私人的领会到的。

主观的差异确实进入了两个或者更多人的对同一个且一样的对象的感知。它们通常不难解释。

举个例子，你和我正坐在相同的桌子旁边，看着同一瓶酒，对彼此讲述主观的差异。我说这瓶酒似乎是深红色。经过一段时间的观察，我们意识到，我之所以认为这瓶酒有一个更深红色的阴影是因为我坐在背对着光源的地方。相对于我来说，瓶子在阴影中。而你坐在窗户旁边光线直接照射在瓶子的地方。

再举一个例子：你觉得桌子上的杯子是浅绿色的，我却认为杯子是灰色的。然后，你问我是否是色盲，我承认我忘记了提及我是色盲这件事。

尽管在感知上存在着这些主观的差异，但对于不同的认知者而言，感知的对象仍是同一个东西——同一个酒瓶，同一个杯子。当我们注意到这些主观差异时，无论是否解释这些差异，都不会引起认知者怀疑他们正在看着同样的感知对象。

然而，这种情况也可能发生。如果我说我们正在看的这个杯子是半空的，而你却认为这个杯子是满的；或者我说这个杯子是塞着瓶塞的，而你却说这个杯子是打开口的——这样我们可能会对我们彼此关于同一感知对象的对话产生一些疑问。但是很难想象这种感知差异会发生，除非异常或反常的情况在起作用。

在通常的情况下，感知经验是一个对感知对象的领会。这既符合我们的感知，也符合其他类型的认识观念。所有的它们全都是领会的手段，而不是领会的对象，所有的它们全都是我们用以领会的东西（that by which），而不是我们领会到的东西（that which）。对所有其他类型的认识观念来说也是真实的——所有的它们意味着，不是对象，而是手段；是我们用以领会的东西，而非领会到的东西。

我们的感知和我们的认识观念——我们的记忆、想象和概念——之间存在着一个重要的区别。在后一种情况下，我们直接或立即领会了我们的心灵中的对象，无论这些对象是否真实存在。下面是一些相关的例子。

我们会记得过去的事情或者过去发生了什么，但是我们的记忆可能会捉弄我们。因此，我们可能谨慎地问我们现在记得的事情，是否真的在过去发生过。找出答案的方式是多种多样的。我们相信自己的记忆是正确的，因此我们做出如下判断，我们记忆中的对象是的确在过去发生过的事件，正如我们记得的那样。

这里需要注意的是，有两种不同的行为发生在我们的心灵中。首先是一种简单的领会行为——我们记得过去的事情。其次是更复杂的判断行为，通常是理性或者权衡相关证据的结果。判断可以是肯定的或者是否定的。它可能包括我们确定我们记得实际上真的在过去发生过的事情，或者它可能否认这些事情发生过。

从记忆转到想象，我们发现关于一个想象对象的真实存在的问题可以以许多种方式出现。在大多数情况下，我们想象的对象是基于我们感知经验构建起来的，例如，半人马、美人鱼或者金山。因为我们自己构建了它们，我们立刻就知道它们是想象的对象，因此我们毫不犹豫地否认它们的真实存在。

然而，我们有时候被要求去想象一些真实存在且可以被我们或者其他人感知的东西。虽然，依照反思，我们可以肯定我们所想象的东西是真实存在的，但我们并没有感知到。

只有一些想象的对象，对所有的思想来说都是真实的对象，才是真实的。每一个我们通过感知或者感受而领会的思想的对象，都面临着判断其是否真实存在的问题。除了作为一个思想的对象外，一个可以两个或者两个以上的人互相谈论的公共的或公开的对象是否真实存在？无论我们和其他人如何理解和谈论，思想的对象都要面临这样的问题。

例如，当天使被认为是灵魂而没有肉体时，他们是可以被两个人讨论的思想对象，其中一个肯定天使是真实存在的，另一个则否认天使的存在。尽管对此他们的判断是不一致的，但他们的心灵中仍然有相同的思想对象，并且同意他们分享了相同的天使的概念，即天使不像人的肉体一样占据特定的空间。

感知对象是否真实存在的问题，在大多数正常感知的情况下是不会出现的。正常情况下，当我们领会对象的感知时，我们就能够在同一时间判断它们是否真实存在。

说我感知到你正坐在桌子旁边等于说这是确实存在的。如果我对桌子的真实存在有丝毫怀疑的话，我就不敢说我感知到桌子了。在一般感知的情况下，简单的领悟行为与判断对象是否真实存在的行为是分不开的。

幻觉和梦境伪装成感知。遭受幻觉的人相信他感知到了什么，事实上他根本没有感知到任何东西，因为他反常的感知对象并不存在。同样，当我们做梦时，我们经历着我们有感知经验的幻觉。

做梦的人同遭受幻觉的人一样产生了幻觉。两者都是被伪造的感觉经验吸引，所以他们都被这些虚假的感知对象的存在欺骗了。一旦被唤醒，或者被治愈，幻觉就消失了。那些经验中没有什么是真实的，一切都是想象的，而非感知到的。

5

通过我们的认知观念呈现在我们心灵中的领会对象是公共

的或普遍的。它们是两个或两个以上的人的对象，是人们可以互相谈论的对象。这些适用于思考、记忆和想象的对象，同样也适用于感知的对象。

当一个人正在感知一个对象，另一个人正在记住这个对象，第三个人正在想象这个对象时，这对思考一群人如何关注同一个对象可能会有所助益。我将推迟关注（在下一章）两个或两个以上的人如何讨论同一个思想的对象。由于三个人中的一个正在通过不同的领会模式来感知所有三个人共同的对象，我们知道问题中的对象是真实存在的。

我们将问题中的物理事物看作一个女人卧室中的壁纸。这个女人正坐在卧室看着墙上的壁纸，同时通过电话和她的丈夫谈及此事。对她来说，壁纸是一种感知的对象；对她丈夫来说，壁纸则是记忆的对象。尽管这位女士与她的丈夫正在运用那些不仅在数值（numerically）上不同，而且在特征上区别明显的观念（一个是感知，另一个是记忆），但这两个观念可以在他们的心灵中呈现相同的对象。

此外，如果这是唯一且相同的对象，但是通过不同的领会模式得以领会的，那么必然会得出丈夫记忆的对象也是一个真实存在的实体，因为这个对象是被妻子感知到的那个对象。如果这个对象不是一个真实存在的实体，这位女士就无法感知到它。到目前为止，我们可以说壁纸有两种存在模式：在墙壁上真实的存在和作为某些感知与记忆的对象的存在。

稍后，妻子打电话给她的一位朋友，向朋友征求将相同图案的壁纸装修在客厅墙壁上的建议。这位朋友说自己还没有见过这位妻子所说的壁纸。这位妻子告诉她的朋友，这个壁纸的花纹与这位朋友家里卧室里的壁纸是相同的，除了花纹是红白相间而非蓝白相间的。此时，这位朋友说她可以想象壁纸的样子，并建议这位妻子将壁纸装修在客厅的墙壁上。

对于这位朋友来说，壁纸既不是被感知到的，也不是被记忆的对象，而是一个想象的对象。尽管一个想象的图像既不源于感知，也非源于记忆，但它仍然可以与这位妻子感知到的和丈夫记忆的一样，在这位朋友的心灵中呈现出相同的对象。

因此，他们三个人对话中的壁纸是唯一且相同的对象。另外，尽管三个人领会对象的方式是不同的，但因为这个对象是其中一个人感知到的对象，并且对他们来说这是一个共同的对象，因此这个对象肯定是在卧室墙壁上实际存在的实体。这等于说，不仅记忆的对象，而且想象的对象都可能是真实存在的。

如果两个人在谈论对于他们来说都是记忆的对象的那个对

象，或者对于两个人来说都是想象的对象的那个对象，或者对于一个人来说是记忆的对象，对于另一个人来说是想象的对象的那个对象，那么这个问题中共同的对象是否依然是实际存在，或曾经存在，或在未来有可能存在的实体呢？这个问题很难回答。

让我们首先考虑第一种情况下的两个人，他们两个都记忆同一个对象。这个对象可能现在是真实存在的，因此也能够被第三个人感知到。如果第三个人没有参与到对话当中，那么对话的两个人谈论最初呈现在他们记忆中的那个共同的对象时，需要注意两点。

首先，他们必须明确对话中两个人不同记忆里的是同一个对象。他们可以通过互相询问对方关于这个被记忆的对象的问题，基于合理的保障，确定他们谈论的是同一个对象。

其次，他们不能匆忙地就判定他们记忆的对象是现在真实存在的，或者是曾经真实存在的，或者不再存在。确保他们记忆的是同一个对象，并不能保证他们记住的对象是真实存在的，或者是曾经真实存在的实体。在这一点上，他们可能是完全被欺骗的，或者在某种程度上是错误的。

如果他们没有被欺骗或者发生错误，并且他们共同记住了一个过去曾经真实存在的，但现在不再真实存在的对象，那么我们可以说唯一且相同的实体，能够作为被领会的对象，并且像真实存在的事物那样而真实存在吗？

答案必定是否定的，因为我们知道这个被记忆的对象不再真实存在了。然而，它的确曾经存在过。事实是，这两种存在的模式不是同时存在的，正如在感知的情况下，并不改变其基本准则。

以上情况也适用于两个人同时想象一个对象的情况。他们必须小心谨慎地确保他们想象的对象对于他们两人来说是共同的；并确保讨论这个共同的对象是否可能在未来的某一时刻真实存在。

举个例子，这种讨论可以发生在两个人共同想象一个发明的时候。如果他们同意这样的判断：他们通过想象发明出来的特定的装置，有可能在未来成为真实存在的东西，那么已经陈述的原则就适用了，即在未来的某一刻，他们想象的对象也有可能成为真实存在的实体。

6

到目前为止，相互对立的关于意识及其对象的观点，已经充分说明了我们现在的目的。我推迟了对某些特定问题的考量，因为在下一章中我们可以更加适当地处理这些问题。在那里，我们将关注那些关于人类心灵的相互对立的观点。

这里亟待解决的是支持一个或另一个对立观点的后果。让我们先来检验这个哲学错误的后果。接下来再看看修正这一错误观点能否避免我们认为的违反理性和常识的后果。

那些持有错误观点的人，例如认为“那些”是每个人的直接领会——每个人直接意识到的对象——都把我们每个人锁定在他或她自己的主观体验的私人世界中。

可以如此思考，通过我们自己观念的经验，我们可以以某种方式推断出存在于我们心灵中但并非我们的观念的事物的存在，即除我们自己之外其他个体及其身体的存在，作为一种常识，我们假设它们是物质世界的组成部分。

然而，由于我无法直接领会或者立刻意识到任何在我自己的心灵中不是一个观念的东西，所以很难看到任何证明或者论证一个外部世界的真实存在的尝试能够成功进行。

我们以此种方式得出的最终结果是如此激进，并且我们赋予它们的名称是矛盾的。通常来说，十大哲学错误是声名狼藉的。没有一个头脑健全的哲学家愿意去接纳或支持它们。尽管如此，从洛克的一个小的错误开始，休谟发现的这个残酷的结论是如此极端，甚至常识会阻止任何人去接纳它。

其中一个极端的立场是彻底的怀疑论，怀疑任何我们关于外部世界或者关于我们心灵的内部世界的知识的可能性。另一个极端的立场是唯我论——声称任何我意识到或察觉到的事物都是我自己的心灵虚构的。

依据我们所有人的经验，常识会迫使我们放弃这些荒谬的结论。我们不能将我们的心灵扭曲为认为所有我们与其他人的对话都是彻底虚构的——在这些对话中，我们彼此谈论我们共同经验的对象，我们使用我们的语词命名这些对象，当我们谈论它们时，我们可以同时处理这些对象。我们确定我们不是在谈论我心灵中的观念或者你心灵中的观念。

无论洛克还是其追随者、包括其批评者大卫·休谟都缺乏这些常识。他们有充分的理由去阻止由最初始的错误前提得出的极端结论。但事实上，当洛克从一开始宣布他是从我们清醒且有意识的意义上使用“观念”一词的时候，也宣布了在《人类理智论》中他将继续关注我们的心灵中的观念从何而来的问题。

在《人类理智论》第一章中，洛克反对那些我们的心灵是先天被赋予固有的观念的观点；在第二章中，洛克简单地解释了最简单的观念如何通过外在事物刺激我们的感官的行为而进入我们的心灵。我们心灵中没有任何东西是没有感觉经验作为其基本资源的。洛克反复表达的这一点揭示了他对牛顿的世界是运动实体的存在这一观点的认同，这些实体包括我们自己和刺激我们的感官而产生行为的实体。

人们可能认为放弃这个由初始的错误前提导致的结论不可避免地与放弃前提本身是同样荒谬的。这是归谬法应当起作用的方式。当我们通过逻辑分析一个初始前提的含义得出荒谬的结论时，我们倾向于拒绝这个荒谬的前提本身来回应此事。

这就是洛克的初始错误前提应当发生的事情。但是事实并非如此，相反，我们此处关注的哲学错误被另一种混合了试图避免荒谬结论的方式取代了，这是一种不包含拒绝初始前提本身是荒谬的的方式。

另外一种方式是什么？它认为我们心灵中的观念，如果不是全部也至少一部分是我们直接立刻意识到的对象，“表征”（representation）了外部物理世界的真实存在。我强调的这个词混合了这个错误。

在什么情况下，一个事物可以被称为另一事物的表征？

只有当我们观察到被表征的事物和表征它的事物之间有某种相似性的时候，一个事物才可以成为另一事物的表征，正如我们说一幅画像对于一个人物形象来说，具有较好的相似性或者表征性。

假如在此意义上理解什么是表征，那么我们的观念（仅仅指的是我们直接领会的对象）是如何被看作对真实存在的事物（所有我们不能直接领会的东西）的表征的呢？

对此问题并没有一个令人满意的答案。从表面上看，我们不可能认为观念是我们直接领会的唯一的对象，它们也是那些我们从未直接领会的外部世界的对象的表征，因为只有当两者都可以被直接领会和比较时，才能说一个表征另外一个。

然而，错误地将观念转变为对某种事物的表征，在某种程度上支持了一个关于独立的、真实存在的外部世界的无根据的信念，如果我们被囚禁在心灵当中，这个外部世界是我们永远无法通过意识触及的。对这个非理性的信念的支持至今仍是未解之谜。解决该问题的徒劳尝试产生了各式各样其他的谜题，引发了 19 世纪和 20 世纪困扰近代哲学的各种困惑和迷思。

如果能够被其对立观点取代，那么近代思想将会变得更好，而非为了摆脱困境，将所有的观念看作唯一可以直接领会的对象，从而陷入更多蜿蜒曲折的争议之中。此外，前述的错误还混合了将一些观念看作外部世界的表征而不能被直接领会的错误。

对立的观点不仅将我们从怀疑主义和唯我论中解救出来，也使我们免于徒劳地去论证一个外部物理世界真实存在的尝试。

在我们的知觉经验中，我们可以直接领会到其他人的身体如我们的一样存在。此外，我们彼此讨论的所有其他对象——我们记住的事情或发生过的事情，我们可以想象的小说，概念思维的对象以及我们知觉经验的对象，所有的这一切都是公共的、普遍的或者我们可以彼此谈论的共同的对象。

我们不（事实上，也不能）彼此谈论我们自己的观念——包括我们的感知、我们的记忆、我们的想象、我们的想法和概念。我们的主观感受并非对象呈现给我们的观念。我们只能意识到领会的对象，而不是我们用以领会对象的观念。

用正确的观点取代错误的观点所产生的深刻差异可以概括为以下几个方面：

当观念作为可被领会的对象，而成为通过我们的即刻意识被直接领会的唯一的事物时，我们就被迫地生活在两个没有任何沟通桥梁的世界中。

一个世界是物理世界，在这个世界中，我们自己的身体占据一定的空间，并且可以移动，与其他身体产生互动。我们对这个世界存在的信念是盲目且非理性的。

另一个世界则完全是私人的世界，我们每个人都被包围在这个世界里，我们唯一的经验是由我们对自己观念的意识构成的经验。假设除了我们自己之外的个体也同样生活在类似的仅有他们自己的意识经验构成的私人世界里，这同我们相信我们都生活在一个真实存在的外部物理世界中一样，是盲目的。

当我们修正产生所有这些后果的初始错误时，我们发现我们一起生活在一个真实存在的物理世界中，一个我们可以通过感知经验直接领会的世界。在这个世界中，我们不仅有身体接触，还可以通过对我们可以一起处理的感觉对象的讨论来彼此沟通。

这不是我们共同生活的唯一的世界。我们也可以生活在由我们对对象的普遍经验构成的公共世界，这个对象不仅仅是感知的对象，也可以是可被感知到的真实存在的物理事物。我这里指的是我们记得的过去曾经发生过的事情，我们能够想象的对象，以及那些我们想象的可能存在的，或者能够真实存在的对象，和所有思想的对象。

这里还有一个我们生活的第三种世界——这个世界是彻底私人的、主观经验的，在其中我们每一个人都知道他或她自己的身体感受、感觉和情绪——这些经验对我们自己来说是私人的。

也许把三种领域的经验看作同一世界的三个维度，而非三个不同的世界的说法会更加准确，更符合常识。

这三个维度有：(1) 真实存在事物的知觉对象；(2) 其他所有可能存在或不存在的对象，可能存在过但不再存在的对象，和现在不存在但未来有可能存在的对象；(3) 只存在于个人心灵中的主观经验。前两个维度是公共的。第三个是私人的。此外，一些认知观念在我们的心灵中存在，但作为领会那些所有能够被领会到的对象的手段，它们本身是不能被领会的。

只有当我们不能拒绝洛克，或者比他更早的笛卡儿提出的关于意识及其观念的基本错误时，才能说作为两个不同的世界，即一个是真实存在的物理世界领域，另一个是心灵的意识经验领域，我们无法满意地解释彼此间的关联是恰当的。

哲学的错误，以及它带来的所有后果，都是违反理性和常识的。修正这个错误会得出相反的结果——关于意识及其对象正确的观点没有包含不可解释的信念，并且符合常识和普遍的经验。

第二章
理智与感觉

1

让我们再次从较容易理解的地方出发。通常情况下，我们说任何有生命的有机体都有对周围环境的意识和关于自己心灵的意识。除了这些意识，我们还认为这些有机体是有理智的，它们还可以以某种方式对其意识到的环境做出不同的区分。

也许，我们应当把心灵和理智看作有感觉能力的有机体从经验中学习并修正他们自身行为的手段。

依据这些标准，我们唯一不属于心灵或理智的动物性的行为是那些彻底由先天决定的、预设的行为模式，我们称之为“本能”（instinct）。例如蜜蜂、蚂蚁等昆虫的本能行为模式就足以满足它们生命的所有目标和物种的生存需要。因此，它们不需要通过从经验中学习或者通过此类学习来修正自己的行为。所以我们有理由说它们是没有心灵和理智的。

在脊椎动物中，特别是高等哺乳动物中，有些行为是出自本能的，但并非所有的行为都是出自本能的。事实上，随着动物进化得更高等，被学习修正的行为总量的增长与完全保持本能且不被经验修正的行为总量是相关的。

依据这个标准，我们有理由说高等动物的心灵和理智的水准要高于低等动物。当然，作为有感觉的有机体，它们都有感觉器官，并且具有通过一些感觉的功能从经验中学习的能力。

如果我们现在从所有的类人的有机体（infra-human）转向人类，将会出现完全不同的情况。从严格的本能的意义上来说，人类是没有本能的物种——没有先天的、预设的行为模式。我们只有少数的出自本能的条件反射，并且只有一些是先天的。我们也有所谓的本能的驱动或冲动。但是当这些冲动发生时，人类的反应是多种多样的。我们并不像其他的物种，例如蜜蜂、蚂蚁一样，具有单一的行为模式。

尽管人类和其他物种之间存在着根本性的差异，但当我们从相同感觉的意义上，把“心灵”和“理智”这两个词运用于人类和动物的时候，仍有一定的恰当性。对于我们以及其他动物来说，心灵和理智代表了能力或者力量。这是从经验中学习，以及通过这种学习修正自己行为的能力或力量。正因为我们不同于其他动物，彻底地失去了出自本能的行为模式，所以我们需要更高等的心灵或理智。所有相对于环境的调适行为，我们都必须学会。

人类心灵或理智所完成的大部分学习行为都是基于感官经验的。从一般意义上来说，我们的感觉器官与其他物种的感觉器官是一样的，它们的功能提供给我们感觉经验的限度，为我们的学习划出了界限。

2

伴随着所有这些显而易见的要点，我们现在准备好考察在西方思想史过去 25 个世纪中存在的那个问题的正确的或者错误的答案，这个问题涉及人类的心灵及其与感觉的关系。

无论多么复杂，人类心灵是一种单一的认知力量，它包含了我们感觉的功能和随之而来的其他功能，例如记忆和想象吗？或者说人类的心灵可以被划分为两种不同的认知力量——一方面是感觉能力，以及随之而来的所有事物；另一方面是理智能力，即能够理解、判断和具有理性能力吗？

这个问题给我们提供了两个相互矛盾的答案。答案之一是认为人类心灵具有感觉，包括所有我们曾经感觉到的或感觉－感知（sense-perception）而来的一切结果。答案之二是将人类心灵划分为两个不同的领域——感觉和理智，并将两者看作全然不同的认知功能。

近代以来，第一个答案逐渐进化，从霍布斯开始，到其继承者洛克、贝克莱和休谟等英国哲学家及其后的追随者。我将试着指出这个错误的答案将会产生的严重后果。

第二个答案则在中世纪盛行。在近代，其代表者是笛卡儿、康德、黑格尔及其追随者。在我看来，这是正确的答案，修正了错误并避免了由其产生的严重后果。

在给出正确答案的人当中，有一些走得太远以致矫枉过正，需要进一步地更改。在我们更改之前，可以先考虑如何区分正确和错误的答案。

首先，柏拉图和亚里士多德在其著作中反复强调的一点是，我们领会的对象被分为可感的和可知的。

所有我们感知到的对象都属于可感的对象。这一组感觉的对象还包括我们能记忆和想象的细节——例如我们昨晚在餐桌上用餐的记忆，或者我们对计划建造的房屋的设想等。

另一组则属于纯粹理智的对象，例如数学思想的对象，或作为纯粹精神存在的形而上学的对象，例如灵魂、天使和上帝。理智的对象还包括这些思想的对象，例如自由、正义、美德、知识、无穷大，甚至心灵本身。所有的这些对象都不是感觉能够感知的，没有一个是可感的特殊个体。

第二点紧随第一点而来。由于我们领会的对象分属不同的两组，我们必须具有区分领会两组不同对象的能力——一组是感觉，另一组是理智。

反复提及刚才已经提出过的第三点是有益的。感觉包含一系列的能力，例如感知能力、记忆能力和想象能力。理智也包含一系列能力，例如理解能力、判断能力和推理能力。我们有时会把所有的感觉能力运用于感觉经验（sense-experience）的头脑中。所以，我们也会把所有的理智能力运用在思想（thought）的头脑中。

除了这三点，所有那些给出这个问题答案的人都必须注意到某些分歧。柏拉图和笛卡儿，包括后来的康德、黑格尔都在理智和感觉这两个领域的区分方面走得太远了。这源于他们在某些方面，将理智自主性发挥的作用独立于感觉经验。

这就导致了柏拉图和笛卡儿赋予理智先天的观念——这些观念并非源于感觉经验。康德的先验范畴是这同一个错误的不同版本。我曾在《天使与我们》（*The Angels and Us*）一书中详细讨论了这个将人类理智看作类似于天使包裹在人体之内的错误观点。

将以上观点推至极致，将会导致两个方面的后果。第一，拒绝承认理智依赖于感觉经验领会的所有的初始材料；第二，尽管一些思想的对象是纯理智的，但除了极个别的例外，我们的感觉经验提供给我们的对象很少是纯感觉的。

第二点需要进一步解释。大部分感觉经验的对象不仅是感知的，而且是理解的对象。只有罕见的例外情况下，我们领会到一些独特的个体是我们无法对其进行区分的，非理智的对象。

通常情况下，我们将我们感知到的感觉对象作为一种或另一种特别的事物进行感知——一条狗或一只猫，一顶帽子或一件外套，一棵树或一朵花。具体化的个体是理智的对象，同时也是感觉的对象。我们不仅将其作为一个特殊的事物而感知，也将其看作特定的种类中的个例而加以理解。

理智和感觉在我们的领会中是协同发挥作用的。如果某个个例不是同时是理智的和感觉的对象，那么它也不是特定的某物。

相反，思想的对象（例如自由、无穷大、上帝）是纯理智的对象。我将在随后对其进行专门的讨论。

这里我想要补充一个关于人类心灵和感觉这一问题的正确答案的进一步的评论。它能够确保我们追溯并修正洛克对“观念”一词的全方位使用。

在前一章中，我们集中讨论了洛克的错误，即当我们清醒或者在思考某些事情的时候，总是将观念看作我们理智的对象。我们回顾他对“观念”一词的全方位使用，涵盖了感觉、知觉、记忆、想象，甚至在某些段落中，他称作抽象的或者普遍的观念。“观念”一词的所有用途与洛克使用“心灵”或“理智”等词有关，它是一种单一的认知功能或能力，本质上是感觉的(sensitive)。

我们刚刚考虑的对立的观点——认为人类的两个不同的认知能力或功能，感觉和理智——呼吁改变所有对这些语词的使用。

依据这个观点，我们的感知、记忆和想象（名词意义上的）就不是“观念”。这些语词需要排他性地保留在定义或概念的意义上，它们是我们纯粹理智的思想对象，或者是我们的理智与我们的感觉能力协作时感知到的对象，并且领会的感知细节也是理智的。

从将人类心灵看作复杂的感觉能力的角度来说，也不应在洛克和休谟的意义上使用“人类理智”。在英语中，“理智”（understanding）源于希腊词语“nous”和拉丁词语“intellectus”。至少这方面来说是矛盾的，洛克和休谟在解释人类心灵的观点时否认理智与感觉是完全不同的存在。

依据对立观点，当“观念”一词专门作为定义或概念去理解理智的工具时，我们应该记住，根据这个观点，观念或概念不是我们所理解的东西，而仅仅是我们用以领会思想的对象——那些我们的确理解的对象——的工具。

在我们日常的、松散的语言中，我们经常违反这种谨慎的态度。我们说或者写这个或那个观念，正如它们是我们思考的对象。我与其他人一样对如此松散的语言习惯感到惭愧。我曾就这些伟大的观念写过几本书，并教过一些课程。我还曾在标题中使用“观念”一词指代一个自己正在考虑的思想的对象。

我唯一对“观念”一词的不正确的、松散的使用感到遗憾的是，在说话和写作时总是要求足够精确会显得非常奇怪和烦琐。我倾向于使用《自由作为思想的对象》一名取代《自由的观念》。我不需写作或讲授伟大的观念，而更愿意把我论述的主题改为正如伟大的——基本的或基础的——思想的对象。

3

忽略霍布斯、贝克莱和休谟等人的限制，关于心灵的错误观念可以简单地表述为：当心灵作为一种认知工具发挥作用时，完全是一种感觉能力，无法找出任何理智上的痕迹。

所有心灵的“观念”或“思想”（我对这些词语加引号以便唤起对它们误用的注意）都是感觉、感觉－感知（sense-perception）或想象；它的图像要么是回忆的感觉－感知，要么是由感觉经验提供的材料建构出来的。

“想象，”霍布斯写道，“只不过是腐朽的感觉而已，无论是睡着还是醒着，都可以在人类和其他生物中找到。”在随后的段落中，他告诉我们：“想象通过语词或其他自生的标志……在人类中产生的，是我们通常称之为理智的东西，对人类和野兽来说是共有的。”

同样，贝克莱也把所有的观念分为感觉和想象两种，通过生动性或活泼性来区分两者；他也误用了“理智”一词去命名心灵中的感觉和想象的认知能力。

同样地，休谟在《人类理智研究》（*Enquiry Concerning Human Understanding*）中通过不同程度的力量和活跃性，将所有心灵的感知分为两类。较少力量和活力的通常被称作“想法或观念”；较为活跃的被称为“印象”（impressions），指的是当我们听、看或感觉时，我们所有活跃的感知。

在所有这些表述中，有两个错误是重合的：一个是将我们的感知和想象误称为“观念”，好像它们是我们的意识的直接对象似的；另一个错误是将人类心灵仅仅看作具有纯粹的感觉能力，好像除了感觉或依赖感觉–感知的想象，心灵无法意识到任何东西。

我没有提及洛克的《人类理智论》，因为洛克这本书同样犯了这两个错误，它也包含了作者注意到人类心灵的特定活动是理智的而非感觉的内容。一个纯感觉的心灵是无法进行这些活动的。尽管如此，洛克也并没有明确地承认人类心灵是由两种不同的认知能力组成的——一方面是感觉，一方面是理智。

洛克宣称，并非我们所有的观念都源于感觉。有些观念源于心灵对自身运作的反映。心灵知道自己的活动——它的感知、记忆、想象等。

依据反对人类心灵是由理智和感觉构成，认为只有我们的理智能力能够自我反思，而非感觉能力的观点，理智的自我意识是感觉所没有的。正是这一事实赋予了区分感觉观念和洛克引入的反思以特殊的意义，而这些区分未在霍布斯、贝克莱和休谟的著作中显现。

在洛克作品中引入的第二个限制是他处理了被他称为“抽象或一般观念”的区分。他坚信只有人类具有“无理性的抽象”(brutes abstract not)。

再一次地，正是对立的观点赋予了洛克指出的这一点以特别的意义。通过这一观点可以得出，抽象是理智的而非感觉的活动。人类心灵具有抽象观念（例如概念），因为它不仅是由感觉构成的，也是由理智构成的。

在第二点上，其他三位作者，霍布斯、贝克莱和休谟是最为消极的。他们相对于洛克更加一致地认为，人的心灵只具有纯粹的感觉能力，因而无法产生任何抽象观念。

贝克莱和休谟都读过洛克的文章，明确地批评了他在这一点上的前后不一。洛克应该意识到，在整个感觉－感知和想象的范围内，没有任何抽象或一般的东西。

他们对洛克的批评在一定程度上是有依据的。由于洛克不承认人类理智的表现与所有人类的感觉能力之间存在巨大差异，所以他试图解释抽象的、一般的观念，但最终都失败了。他肯定了抽象观念的存在，但是他无法给出合理的解释。他将它们看作重叠的照片，通过叠加而使细节变得模糊。正如我们看到的那样，这与一个理智概念的抽象特征存在很多不同，它是由理解行为产生的，与任何感觉或想象都存在着巨大的差异。

我们现在来到了人类心灵对立观点的症结之处——一方否认理智，另一方则肯定理智。这造成了对同一个问题不同的两个答案：我们是否如具有感觉或想象一样具有抽象观念（例如概念）？

霍布斯、贝克莱和休谟会直截了当地说我们没有。洛克则会迟疑，他本应该说我们没有，但现在看来基于一个很好的理由，他不能让自己这么做。

在这三者中，贝克莱竭尽全力地揭露他认为毫无意义的关于任何抽象的观念或一般观念存在的假设。他的《人类知识原理》（*Principles of Human Knowledge*）的引言中，大篇幅地反驳了此观点，并对洛克展开了批判。

为了简洁起见，我们可以总结一下休谟的观点，他在脚注里表达了他受惠于贝克莱观点的感激之情。

> 假设一个人构想一个一般意义上的三角形，它既不是等腰的，也不是等边的，也没有特定的边的长度或者比例，他很快就会意识到所有具有抽象性和一般观念的学术概念的荒谬之处。

我们简单地说一下。如果我们拥有的全部都是感觉－感知，并且想象都源于感觉，那么我们永远不可能意识到任何东西，除了一个特殊的三角形——等腰或者等边的三角形，一个有着特定尺寸或面积的三角形，一个线条是黑色或者其他颜色的三角形，等等。

这里所说的三角形可以指其他类似的任何东西。除了特定的个体，我们无法意识到任何东西，无论是通过感知还是想象——这头牛或者那头牛，这棵树或者那棵树，这把椅子或者那把椅子，每一个都具有独一无二的特征，每一个都是某种特定种类事物的特殊实例。

我们可能对特定种类的事物都有一个名称，就像“三角形”、“牛”、“树”和“椅子”，但是我们对这些种类没有观念。我们对被称为三角形的东西没有特定的观念或者理解，或者对什么个体必须像一个特别的三角形、牛、树或者椅子也一无所知。只有我们的语词（例如以上我们称为“普遍名词”的语词）是一般的。现实中没有什么东西是一般的，所有的东西都是特殊的。因此，心灵中也没有一般的东西，那里的一切都是特殊的。一般性仅仅存在于我们语言的语词当中，语词是普遍的，但不是专有的名称。

那些认为人类心灵既有理智又有感觉能力的人，在面临休谟的挑战时可以迎难而上。通过一个抽象定义的方式，我们就可以理解那些所有我们能感知或想象的特殊的马、树和椅子中普遍的东西。

4

那些关于心灵的错误观点，即否认理智并且否认随之产生的概念或抽象的、一般的观念，将会产生什么严重后果呢？

其直接后果是一种在本质上经不起推敲的唯名论[①]。作为一种主义（例如主观主义、唯我论和彻底的怀疑主义），这对于理性和常识来说是矛盾的，因为在之前的章节中，我们已经注意

① 唯名论否认共相具有客观实在性，认为只有个别的感性事物才是真实的存在。——译者注

到了关于意识对象的错误的严重后果。更为深远的后果是它将会影响我们对人类在自然中所处的地位的理解。

在讨论这点之前，我首先解释一下为什么唯名论在本质上是经不起推敲的。讨论这个问题无异于表明唯名论关于心灵的观点在本质上也是经不起推敲的。

尽管洛克在论证人类具有独特的理性能力方面失败了，并且他未能给予抽象的、一般的观念以充分解释，但对理性和常识的尊重使得他免于成为一名唯名论者。

在洛克看来，我们使用的名称的意义源于我们心灵中的观念所指。由于我们的语言中包含了具有普遍意义的名称，例如“三角形”“牛”“树”等，我们一定具有一般观念。否则这些名称将会没有意义，因为没有什么可供它们指称。

对于洛克提出的观念是我们直接意识的对象的错误观点，我们可通过以下方式修正。除非我们通过使用抽象概念的方式理解三角形的特质，或者什么对于特殊的牛、书和椅子是普遍的东西，否则我们使用的一般或普遍的名称是没有意义的，因为它们没有指向任何特殊的三角形或者特殊的牛，而是一般意义上的三角形和牛。

那些否认任何一般性的事物存在于现实或人的心灵中的唯

名论者是如何使用那些他们认同的东西满足这一观点并解释一般名称的意义的呢？

他们说一般名词，例如“狗”之所以是一个一般名称，或者说在它指称的范围内是一个一般的名称，是因为我们可以用它指称许多不同的特殊个体中的任何一个。也就是说，不对这个特殊的东西或那个特殊的东西进行某种区分的话，“狗”这个名词无法运用于其中的任何一个。

他们认为“狗”这个名词的一般意义可以如此使用，即可以用以表述我今天看见的一条从小巷子走过来的贵宾犬，也可以表述明天我看见的从小巷子走过来的大型斑点犬，这两种场景都可表述为“我看见一条狗从小巷子走过来”。如果在这两种场景中，一个人恰好听见了我的表述却没有看向同一个方向，他会理解我指向的是一条特殊的狗，但是如果没有看到，他不会知道我指的是昨天那条狗还是另一条不同的狗。这两种情况都是有可能的。

经审查，上述解释减少了一个可以运用于两个或两个以上的个体的普遍的或一般名称的表述，这两个或两个以上的个体在一些特定的方面是一样的，或者它们具有相似的或共同的特征。当然，肯定这种表述等于肯定了一个可用于两个或两个以上感知对象的普遍名称也可以运用于特殊个体，这些特殊个体每一个都是独一无二或特殊的，但是每一个特殊个体都是这个普遍的或一般的名称表述的那个特定种类中的一个。

如果所有特殊的个体都不存在某些共同的东西，或者甚至也不存在特定方面的相似性，那么正如所有持此类观点的人坚持的那样，这唯一且相同的普遍的或一般的名称不能正确地运用于所有这些具有一般性特征的（indifferently）特殊个体上。

在这一点上，如果他们否认两个或两个以上的东西可以存在任何方面的相似性，或有什么共同点，那么他们提出的唯一的解释将会被削弱，他们不给我们留下任何可解释的空间。因此，让我们假设他们不会走向否认任何两个事物会有共同点或在某些方面存在相似性的极端。因此，我们不得不问他们，我们是否能够领会什么是两个或两个以上实体的共同点，或者领会他们在特定方面具有的相似性。

如果他们对这个问题的答案是否定的，那么他们再次彻底削弱了他们自己对普遍名词的解释，这些普遍名词可运用于两个或两个以上具有一般性特征的事物（在某些方面这些事物并非不同的）。如果我们完全无法领会到两个或两个以上事物在任何方面具有的相似性，我们就无法使用唯一且相同的名称去指称它们的一般性。

对他们来说，唯一可能的选择是对该问题的肯定性的回答：我们是否能够领会两个或者两个以上的实体的共同性，或者领会它们在某些方面的相似性呢？

如果他们给出了肯定的回答，就等于否认了他们最初的立场。

承认两个或者两个以上事物间的共同点，或者它们具有的相似之处是可以被领会的，等于说一个领会的对象与那些我们感知的这个或那个特殊个体之间是非常不同的。但是这正是唯名论的反对者认为的关于这个问题的正确的解决方案，也就是说，那是领会的对象而非感知的特殊个体。然而，恰恰是这一点为最初否认理智存在的人们所否认，并且因此所有的抽象的或一般的观念也被他们否认。

5

我们无须像柏拉图那样走到对立面的极端，放弃一种自我挫败的唯名论。

除了赋予人类一种独立于感觉的理智，柏拉图也赋予理智对象一种独立的现实性——普遍的原型。在他看来，正是这些普遍的、永恒的原型——三角形、牛和其他事物——才是真正存在的，是比感觉世界里变动不止的个体更具现实性的东西。

没有必要走向修正关于人类心灵的全部功能都是感觉，从而否认理智存在的这一错误观念的另一个极端，而被迫接受一种不堪一击的唯名论。要说概念思维的对象总是普遍的，并不意味着断言这些普遍性存在于现实之中，独立于人类心灵能够领会的范围。

可以说，概念思维可理解的普遍性是公共的，与个体感觉的感知、记忆和想象的公共性是相同的。正如两个或两个以上的人可以互相讨论能够被他们共同领会的一个感知对象或者一个记忆的对象一样，两个或两个以上的人也可以讨论自由、正义等思维的对象，或者三角形和圆，或者乔木和灌木的区别等。

无须提及任何他们正在讨论的关于普遍性的可感知个体的例子或实例，他们就可以这么做。当他们想要确保先于他们的心灵、思维的是同一个对象时，引用这些特例，对他们来说可能是有帮助的，但是还有其他途径去识别一个思维的对象来达到这样的效果。

还存在着一个问题。假定我们领会的普遍性是两个或两个以上的心灵能够考虑和讨论的理智的对象，那么这些普遍性的真实存在是什么呢？

在感知对象的情况下，这个问题，正如我们已经感知到的那样是不会出现的。感知到的东西是真实存在的个体事物，如果它不是真实存在的它就不能被感知。接下来，我们会受到感知假象的影响，进而产生幻觉或者做梦。

在记忆或者想象的对象的情况下，我们可以追问记住的对象是否曾经在过去存在，或者现在是否依然存在。我们可以追问想象的对象是否在未来可能存在。有许多种途径去确定这些问题的答案。

尽管思维的普遍对象从来没有如此（像独立于心灵而真实存在）真正地存在，也可以为它们提出一些衡量其存在的标准。

我们也许能够指出它们的特殊感知实例的真正存在。我们可能记得它们的特殊实例曾经在现实中存在过。我们甚至可能想象它们的特殊实例可以在未来真实存在。

无论何时，当一个理智的普遍性可被实例化（即无论何时，我们都可以指出一个概念对象感知到的、记忆到的或想象到的特殊实例），我们就超越了思维对象实际的或可能的真实存在。

我们无须这样做。我们这样处理思维的对象就可以了，无须再进一步。不考虑我们正在思考的普遍对象的实际的或可能的特殊实例，我们才可能为了它（普遍性）本身的缘故而专注于它。

还有一种方式来衡量概念思维的普遍对象的现实性。许多个体要想成为一个特定普遍性的特殊实例，就必须具有真正共同的东西。一个例子或许有助于阐明这一点并搞清楚它的意义。

让我们以普遍名词“天鹅”一词所指的普遍对象为例。这个名词意味着一个种类在现实中有着实例，它命名了一类在现实中真正存在的可感知的事物。说每一个实例都是一个特殊的天鹅，也就是说每一个特殊的（实例）都有所有天鹅都具有的共性。

如果所有的天鹅没有共同之处的话（对它们来说没有什么是一样的），那么问题中所有的实例都不能被领会为特殊的天鹅。领会一个特定类型当中的一个特例包含了对这个类型本身的领会。这又取决于什么是这几个被考虑到的实例中，能够领会到的共同的或者相同的东西。

因此，使用“天鹅”一词表述的这一类型的特殊实例真实存在的情况下，也意味着这一类型的共性，如同个别的天鹅一样是真实存在的。否认一个具有特殊实例的普遍性的真实存在，如同唯名论一样是自我减损的，后者否认我们可以领会普遍性，将一般性仅仅归于语词，而无法解释如果我们不能够领会任何普遍性的对象，语词如何能够具有一般性的意义。

另一个存在的问题也必须引起关注。并非所有作为概念思维的理智对象的普遍性都可以通过感知、记忆或者想象而实例化。实例化（即具有特殊实例的证明）仅对于那些从感觉经验中抽象出来的理智形式的概念来说是可能的。

并非所有的概念都像牛、树、椅子等概念一样，是理智从感觉经验中抽象出来的，有些理智结构不是由感觉抽象出来的概念材料构成的。

在这个方面，理智功能与想象的运作方式是平行的。我们的一些图像是感觉 – 认识的记忆，但是另一些则是由想象构成的——并非由感觉经验的材料构成的图像，例如美人鱼和半人马的图像。

我们称之为想象的虚构。因此，概念构成也可能是理智的虚构，这是一个非常重要的不同之处。我们知道我们通过想象虚构的对象在现实中并没有真实存在。但是许多我们应用于科学和哲学思考中的概念构成的对象，例如黑洞、物理学中的夸克、上帝、精神和形而上学中的灵魂等，它们是那些追问它们的现实存在具有根本重要性的对象。

由于这些概念构成可以没有感知的实例，所以对这些问题的回答必须是间接或推理性的。这些对象的实例的真实存在只能基于这样的理由：如果它们不存在，则观察到的现象无法得到充分的解释。

6

在《物种起源》出版之后大约 10 年的 1871 年，查尔斯·达尔文在《人类的由来》(*Descent of Man*) 中放弃了关于人类地位的传统观点，而这一观点从 17 世纪以来就在西方广泛流传。

传统的观点认为人类是一种理性的动物，与所有其他动物有着根本性的区别。除了具有动物也有的感觉之外，人类且只有人类具有理智。达尔文整理出的证据试图表达相反的观点，即人与动物仅具有程度上的差别。

尽管常常被忽视，但霍布斯和休谟先于达尔文若干世纪就意识到了这一点。他们的那些将人类心灵看作由感觉和想象构成，但缺乏理智的错误观点造成的最严重的后果就是得出人类与其他动物仅仅具有程度上的差别，而没有种类上的不同。

他们毫不迟疑地就得出了这个结论。因为如果那种赋予我们的感觉经验，并使得我们能够从中学习的能力对于人类和动物来说是共同的，那么人类与其他动物之间唯一的差别就必须是程度上的。

从达尔文时代开始，人们通过心理学实验室中的动物实验已经发现了更多的证据加强了这一结论。这个结论曾经被解释为即使其他动物没有像传统感觉形式那样的理智形式，但它们具有像感知那样的概念能力。这种将其他动物看作也具有概念智力的观点，得出了它们的语言表现与人类使用语言仅仅有着程度上的差异的结论。

如果这些解释和观点是正确的，那么前几页所说的内容将不得不收回，但是它们并不正确。暂且不谈我在下一章中即将展开的对其他动物的语言表现的谬误观点的批评，我在此将集中讨论那些错误的证据，这些证据假设了其他动物除了具有处理特殊个体的能力，还具有处理一般性的概念能力。

简单来说，实验证据表明，在实验条件下，其他动物可以学会辨认不同类型的感知对象的差别。举例来说，它们可以学会以出示方形的或者圆形的方式做出反应，或者食用放在绿色区域的食物，避开红色区域的食物。这种区分表明它们能够进行概括，并且为形成概念和感知提供基础。

这里的错误在于认为将能够区分不同种类的对象的能力看作理解不同种类及它们的差别的能力。将动物们区分感知相似性和差异性的能力看作概念思维的证明，涉及了对“概念”一词模棱两可的用法。

概念的严格使用，包含了（a）获得区分感知对象属于这一类型还是那一类型的能力，并且同时（b）理解这一类型或者另一类型对象是什么样子的，并且最终（c）认识到一系列感知对象属于同一类型，并区分它们和其他属于不同种类的感觉对象之间的差异。

此外，概念是获得理解某些特定种类的对象是什么样子的能力，包括（a）知道什么时候这些对象是可感知的，但它们实际上不一定能够被感知，并且（b）知道它们什么情况下是完全无法被感知的，正如所有的我们应用于物理、形而上学和数学上的概念结构一样。

从精确定义的意义上来说，没有任何经验证据表明概念能力能够呈现在动物行为中。它们的智力是完全感觉性的。它的运作限制在感知对象和想象对象的世界中。感知和想象的界限之外的世界超出了动物心灵或智力的范围。唯一具有理智的动物是人类，人类具有的概念能力可以确保我们处理那些未察觉的、难以感知的和无法想象的事情。

必须要修正霍布斯、贝克莱和休谟提出的，为了捍卫人类不同于其他动物的特殊地位而提出的关于人类心灵的错误观点。

人与动物的区别不是程度上的，而是种类上的。只有人类心灵具有理智和感觉功能。种类上的差别是彻底的，因为人类理智能力与感觉能力的大脑和神经系统的运作是不同的。

上述解释的完整版本太过复杂，因此无法在此得到充分阐述。我在早前的两本书里解释过了这个问题。这两本书是 1967 年出版的《人类差别和它造成的差异》（*The Difference of Man and the Difference It Makes*）和 1982 年出版的《天使与我们》。但是这里可以简要地解释一个重要的部分。

感觉能力与大脑和神经系统的关系是这样的，动物拥有这些能力的程度与它们大脑和神经系统的尺寸和复杂性相关，但在理智方面则不是如此。人类心灵具有理智并非基于人类大脑的尺寸和复杂性。大脑的作用仅仅是人类心灵功能和概念思维运作的必要条件，而非充分条件。尽管没有大脑我们无法思考，但是我们拥有大脑也可以不思考。

第三章

语词及其意义

1

很多人都有阅读外文报纸或者听外语谈话的经验。我们意识到，对于那些能够阅读和使用外语的人来说，书上印刷的文字和说话的声音是有意义的语词。但是对于不懂外语的人来说，这些文字和声音是没有意义的。没有意义的文字和声音正如婴儿学会赋予声音以意义之前的咕噜声一样。

当我们学会说话和阅读，或者学会一门外语时，文字和声音（后文中使用“符号”涵盖这些）才会变得有意义。一个有意义的符号就是语词。符号可以是没有意义的，但是没有无意义的语词。

我们熟悉的另外一个事实就是，许多语词含有多层意义。

唯一且相同的语词可以具有多重含义。此外，随着时间的推移，一个语词可能会失去一个意义，增加另一个意义———个新的含义。大辞典常常给我们介绍一个语词的历史——它曾经有的，但不再有的含义，以及它近来获得的新的含义。

我们对这一切都很熟悉，但是我们很少停下来去追问一个一开始毫无意义的符号是如何变成一个有意义的语词的———种特殊语言中的一组词语，一些可以在那种语言的词典中发现的东西。从何处开始，没有意义的符号获得了意义变成了一种语词呢？翻阅词典无法找出答案。当你查阅一个词的时候，你会发现是一组词语在解释这个词语的意义。如果在这组词语里有一两个的含义你不懂的话，你还可以继续查询不懂的语词的含义。你会发现是另外一组词语在解释这个词的含义，或者你会理解这些词语表达的意义，或者你得继续重复查询的过程。当然，如果你知道了词典中所有语词的含义，你就不会再求助词典了。但即使你知道了词典中所有词语的含义，词典也不会帮助你找出这些词语中的任何一个是如何获得其初始的含义的。

让我确定一下这是可理解的。考虑到一个人试图参考词典去理解他第一眼看到的陌生的“语词”的那个符号或一个对他来说还不是语词的那个符号的意义。这个过程对某些符号来说是足够的，但不是所有的符号都如此。如果一个人学习一门外语的方法或途径仅仅是那本词典，而没有使用那种语言的人协助的话，他将无法理解任何一个那种语言中语词的意义。只有当他在不使用词典的情况下，知道了或者理解了一些语词的含义时，词典才可以成为学习其他语言中语词的有效工具。

对于一个孩子来说，只有对他来说无意义的符号变成有意义的语词时，他才可以有效地使用词典——这不是在词典的帮助下才能达成的。因此，词典并不能回答无意义的符号或声音是如何变成有意义的语词的。

这并不是说词典没用。我们常常通过一些我们理解其含义的语词去学习一个新的陌生的语词的含义。例如，当一个成长中的孩子第一次听说“幼儿园”时，就会追问它的含义，他可能会对“孩子们一起玩耍和学习的地方”这个答案感到非常满意。

如果答案中的词语对孩子来说是可理解的，那么这个孩子就可以在他的词汇表中加上一个新词语。一个对他毫无意义的符号已经通过对所指的对象的口头描述变成了一个有意义的语词。对孩子问题的回答就好像一个词典的定义——对问题中语词指称的对象进行口头描述。这种表述可以通过被称为清晰例证的定义得到加强——指向对象或语词。

然而，这并不足以解决如何将无意义的符号变成对我们有意义的语词的问题。它适用于一些词语而非全部。我们的确通过对一些词语指称的对象的语言描述来理解这些词语的意义。但是如果我们试图把这个解决方案运用于所有词语上，我们将会在一个无止境的循环中徘徊，最终在我们寻求解决问题的方法时挫败。

除了言语描述，无意义的符号还能通过哪些途径获得意义成为词语呢？答案是直接领会无意义的符号指称的对象。

最简单的就是我们学习专有名称的含义这个例子。无论我们是否记得我们在语法学校中曾经学过的专有名称与普遍名称之间的差异，我们都知道“乔治·华盛顿”与“人”的区别。第一个名称是独一无二的、特别的个人——一个且是唯一的。第二个名称是一个特定类型的活着的有机体，一个种类仅仅包含了特定的活着的有机体，并排除其他种类。用以表述独一无二、特别的对象的语词是专有名称，用以表述一些类型或种类的对象的语词是普遍名称。

我选择“乔治·华盛顿”作为一个专有名称的例子是为了

说明我们只能通过言辞描述来学习一些专有名称的意义。我们当中没有一个人曾被介绍给华盛顿，我们无法直接认识他。但是我们知道他的专有名称指称的是美国的第一任总统。

这种情况与其他专有名称十分不同——我们的经验中的那些家人或者曾被介绍过的人的名字。言语描述可能尽量简短，“让我介绍一下，这是约翰·史密斯”。但是这与你直接领会被命名的对象有关。这就是“约翰·史密斯”如何成为被介绍给你的那个人的专有名称的。

到目前为止一切都好。但是与专有名称相对的，无意义的符号是如何成为普遍名称的呢？是通过直接领会而非言语描述吗？以同样的方式，婴儿被告知他游戏房间里的动物是一只小狗。这可能重复了很多次。很快，婴儿就会指着那个动物，发出“狗”或者与之类似的声音。一个重要的普遍名称就加入了婴儿的词汇表中。

这将被另一个学习步骤所证明。在另一种情况下，婴儿可能会发现自己面前出现了另一只小动物，这次是一只小猫，但他依然叫它小狗。这个指称的错误必须被纠正，因为并不是所有的动物都是狗。当“猫”一词作为普遍名称加入这个婴儿的词汇表当中时，指向的对象与狗是完全不同的——这两个词语对小孩来说是有意义的，但是它们的意义是不同的。

我们现在解决这个难题了吗？并不是完全解决了。随着孩子成长，他在学校里受到的教育和一系列经验中学到的东西，会极大地拓展他的词汇表。同样的两个对象，在幼儿园里，他称之为猫和狗，随后他将会使用其他普遍名称称呼它们，例如“猫科动物”“犬科动物”“波斯猫”“贵宾犬”“哺乳动物”“四足动物”“脊椎动物”“驯化的动物”“宠物”“活着的有机体”等。

如果我们说所有的这些普遍名称都是通过直接领会对象而获得其意义的，我们应该感到困惑的是，这些相似的领会对象如何会产生如此多样的结果。如果一个无意义的符号通过直接领会其对象而获得意义成为我们的一个语词，那么为何我们直接领会的唯一且相同的对象会给予所有我们用以指称它的普遍名称如此不同的含义呢？

使得问题变得更加复杂的是，并非所有的我们用以指称对象的普遍名称都像猫和狗那样是通过我们的感觉感知的，并非所有的指称的感知对象都是可以直接领会的。

例如这些普遍名词“自由”“平等”“正义”“电子”“中子”“正电子”“通货膨胀”“信用”“避税区”“心灵”“精神”“思想”等，

没有一个是我们能够直接领会的感知对象。那么这些词语是如何从无意义的符号获得意义变成我们的语词的呢？

是否是通过言辞描述呢？这个答案显然无法令人满意，因为它把我们带入了一个无休止的循环当中。

是我们直接领会命名的对象，但领会的方式是其他途径，而非我们感觉的感知、记忆和想象吗？如果是这样，直接领会的特性是什么？对象的名称的特征又是什么呢？不是通过感觉而来的感知、想象和记忆之外的领会途径又是什么呢？

我们现在面临的是哲学家未能解决的难题，因为他们犯了许多哲学错误。我将在本章谈论三个错误中的两个，并试图纠正这两个在前几章中讨论的错误的后果：一个错误是把我们的观念——我们的感知、记忆、想象、概念和思想——看作我们直接能够意识到的对象；另一个错误是把我们所有的认知能力降低到感觉层面，而无法区分感觉和理智尽管是相互依赖的，却是两种十分不同的领会对象的方式。

在我考虑近代在解决一个无意义的符号如何通过获取意义而变成语词的失败之处之前，我必须唤起另外一点对我们更加熟悉的考虑语词及其意义的注意。

一个有意义的语词，一个有意义的符号，是一个标志

(sign)。一个标志的功能是向心灵呈现它对一个对象的注意，而非它本身。因此，当我发出“狗”这个词的声音时，你不仅仅听到这个词本身，你的脑海中也会呈现出这个词命名的对象。

并非所有的标志都以此方式运作，特别是那些不是语词的标志。我们说乌云意味着下雨，烟雾意味着火，晚餐铃响了意味着饭已经准备好。这些标志不同于语词，是一种信号，语词常常不用作表示信号，而是一种指示符——标志着指向它们的命名对象。

当然，语词可以作为表示信号的标志。在拥挤的电影院中大喊一声“火！”，不仅仅指向了它命名的对象，也意味着即将来临的危险。所以，对在田野里劳作的工人来说，从农舍台阶上传来的“晚餐！”与晚餐铃的功能是一样的。

还有一个我们不必归于关注的小小的例外，所有的标志在不同时间，当我们以不同的意图使用它们的时候，无非发挥着信号或者指示符的功能，或者兼具两种功能。

迄今为止我们考虑到的，无论是具有信号功能的标志，还是具有指示符功能的标志，或两者兼具的标志，它们之间的共性是，这些标志既是我们感知到的对象本身，也是将它们指称的对象带入心灵的工具。那么，我们称这些具有信号功能或指示符功能的标志为工具性的标志。它们的所有存在并不是由它们的所指构成的。除了指称，它们本身也有感知的存在，但是它们也是以这种方式发挥作用的工具。

那些只具有且永远具有信号功能的标志，与那些无论是否具有可被直接听到的信号功能，但具有指示符功能的标志之间有着明显的区别。区别之一是一个是人类使用的标志，另一个是其他动物使用的标志。区别之二是动物获取那些具有指示符功能的标志的方式只有一种，而人类有两种。

我们将在本章的最后一部分回到这个问题，但首先，最重要的是，我们需要考虑的问题是那些刚刚指出的，关于人类词汇表当中的具有指示符功能的标志的语词。正如我们所发现的，解决这个问题的方案包含了对另外一种具有指示符功能的标志的发现，这种标志的全部存在都由其指称构成。

像其他标志一样，这种特殊种类的标志呈献给心灵的对象的除它们本身之外还有其他的东西。但是不像其他标志，它们本身是我们一无所知的实体。因此，它们与我们称之为工具性的标志存在着很大的区别。我们称之为纯粹的，或形式的标志。

我们现在所犯的哲学错误在于忽视了纯粹的或形式的标志，

就去解释无意义的符号如何获得其指示性的意义，变成普通人类语言的词汇表当中的词语。

2

在《人类理智论》（1689）的四个章节中，约翰·洛克使用了三个章节的篇幅讨论语词及其意义。在书的开头，洛克犯了把观念看作我们直接领会的或者直接意识到的对象的错误，他无法避免在解释语词如何获取其意义的过程中犯下的那个关键性的错误。

他正确地思考了无意义的符号如何像我们领会对象的名称那样，通过我们自愿地将意义附加在对象上使其变成有意义的语词。正如我们所看到的，这种方式适用于一些语词而非全部——只适用于那些对我们来说其意义是取决于我们直接领会对象名称的语词，而非那些意义取决于我们在词典中发现的语言描述的语词。

洛克忽视了通过直接领会获取意义和通过言语描述获取意义之间的区别。然而，他在理解某些词语获取其意义方面是正确的，这些词语是通过我们直接领会对象将一个无意义的符号变成语词的。

他的错误之处在于，认为观念除了是所有有意义的语词直接指向的对象，再无其他意义。这也就是说当一个人使用语词指称时，他总是谨慎指向他自己的观念，而无他物。“它歪曲了语词的使用，”洛克指出，“除了那些我们心灵中的观念之外，无论我们使得语词代表什么，都将会给其含义带来不可避免的含糊不清和混乱。”

洛克明确否认个人可以参考他人心灵中的观念来使用语词。他甚至更加坚定地否认人们可以使用语词指称真实存在的事物，以及它们的品质或者其他特性，或者发生在生活中的事件。我们不能也无法直接意识到这些事物。我们能够直接领会的对象只有我们自己的观念。

洛克虽然在这两点上是明确和坚定的，但是他意识到语词以此种方式获得意义并具有指称含义，彻底地违背了人们生活中创造语言的目的——交流。每个人自己心灵中的观念都存在于彻底私密的领域。那么两个人如何谈论这些观念呢？甚至更加令人困惑的是，两个人不能互相谈论他们生活的世界中真正存在或者正在发生的事情。

洛克曾经指出“语词不能被强加在人们不知道的东西上”，

整个《人类理智论》中，他都坚持我们直接领会的只有我们自己的观念，而非现实中存在的事物（对洛克来说，通过我们的感觉行为的行动，引发了我们持有观念），那么他如何解释人们彼此谈论由“人们不知道的东西”也即人们无法直接领会的东西，构成的真实世界呢？

一个简单的事实就是洛克无法令人满意地解释使用语言的目的是对我们真实生活的世界展开交流。他所做的努力使他陷入了一种自我挫败的矛盾之中，正如他无法避免的尴尬处境——物理事物真实存在，并作用于我们的感觉，是引起心灵产生观念的初始原因。因此，依据洛克自己的原则，他无法领会这些物理事物，并且没有相信它们存在的基础。

洛克努力去解释什么是他赋予语词意义的第二步，这对他来说应该是令人费解的。我们的观念代表了真实存在的事物，它们本身指称了自己代表的事物。我们的观念，换句话说，就是指向事物的标志，这些事物是我们无法直接领会的。正因为如此（虽然我们无法解释为何如此），洛克的第二步允许他说那些语词，直接指称了我们的观念，而不直接指向我们的观念指向的真实事物。因此，我们可以使用语词彼此谈论我们的观念，而非我们生活的真实世界。

3

正如第一章所言，如果我们心灵中的观念不是“那些”我们直接领会的东西，而是用以领会无论什么只要是我们的确领会到的东西的工具，那么洛克所有的矛盾和尴尬都是可以避免的。那些我们赋予名称和使用语词指称的对象都是我们的观念直接领会的对象，而不是那些我们直接领会它们的观念。正如我们现在应该看到的，这一点对概念思维的理智对象来说是真实的，正如感知、记忆和想象的感觉对象一样。

在本章的前半部分，我呼吁关注工具性标志和形式标志之间的差别。工具性标志——例如乌云意味着下雨，或者“乌云”这个语词指示了天空中可见的形态，我们领会到它们本身的对象正是这些标志指向的对象，但是形式标志不是我们领会到的对象。它的全部存在在于它作为一个符号发挥的功能，指向我们确实领会的东西，即那些先于心灵，并且形式符号可带入我们的心灵当中的东西。它发挥这项功能如以往一样是不显著的。

这里基本真实的是我们心灵中的观念是一种形式标志，这可以修正洛克的错误，并提供一种令人满意的关于语词的意义的解释。换种方式表述就是，我们的观念——作为对象的标志能够确保我们去领会——也就是意义。

让我们重复这一点：我们的观念不拥有（not have）意义，它们也不能获得（acquire）意义，但它们可以改变（change）、得到（gain）或者失去（lose）意义。我们的每一个观念本身就是意义，并且那是它们的全部。心灵是意义存在的领域，并且通过它，每一个拥有意义的事物都可以获得意义。

一些我们的语词的指称意义是这样获得的，即通过将无意义的符号赋予我们直接领会的对象而使其获得指称意义。这些对象先于我们心灵，通过作为它们的形式标志的观念，而获得其对象意味、指称、引用、意图的。

洛克让我们直接领会这些形式标志（这是完全不可领会的），并通过它们，对真实存在的事物进行直接领会（它们的表述是无法解释的）。他错误地认为我们的语词直接指称那些作为它们对象的我们的观念，并且通过我们的观念直接指称那些它们代表的真实存在的事物。

对这种哲学错误的纠正在于，它指出了我们的观念作为形式标志是我们无法领会的。它们确保我们能够领会所有我们可以领会的对象。这些语词获得其意义不依赖于通过言语描述其对象，这些对象的名称是通过我们直接领会那些我们的观念确保我们可以直接领会的对象而获得。这也是我们的观念作为形式标志而发挥作用指称的对象。

此外，因为我们的语词具有通过与作为形式标志功能的观念相关联的作为工具性标志的指称意义，我们不仅可以使用我们直接领会我们观念的方式来指称对象的语词，还可以唤起那些在心灵中关联的观念，确保它们在进入心灵之前就具有相同的对象。正是通过这种方式，我们彼此交流的对象在感觉上是公共的，它们是两个或以上的人能够领会的，因而是普遍的对象。

这对于我们理解它，需要更详细的解释是至关重要的。首先，将其看作通过我们感知、记忆或想象领会的感觉对象；其次，将其看作概念思维的理智对象。这一论述将在下面两个小节中找到。

4

被感知领会的对象与被记忆和想象领会的对象之间存在着根本的差异。

被想象领会的对象可能存在也可能不存在于现实之中；它们可能是现在不存在，但可能在未来某个时候变成存在的对象；它们甚至可能是完全不存在的纯粹虚构的对象，不曾存在也不可能变成现实。

我们记忆的对象——我们声称记得的过去的事情——可能不像我们记忆的那样在过去存在过。

我们的记忆可能被那些声称对该事件记忆不同的人挑战，他们甚至会否认我们记得的事情真实发生过。

换句话说，我们的想象和记忆的对象是那些关于它们的真实存在总是被质疑的对象，但关于感知的对象则并不如此。

当你或者我说我们感知到我们坐在一张桌子旁边时，我们也断言这个桌子是真实存在的。如果我们感知到某种东西，而不是幻觉（与感知相反），那么我们感知到的对象也是真实存在的。

我们总是不会追问感知到的对象是否真实存在。唯一可能的问题是，我们是否真正地感知或者正在经历一场幻觉，比如酒鬼们声称他们看到了一群不存在的粉色大象。

除了感知领会，感知过程并不包含判断该对象是否真实存在，或者在未来即将存在或者过去存在过。领会和判断是两种不同的，且分开发挥作用的心灵的行为，领会在先，判断在后。领会没有真假之分，它们没有做出任何断言。只有判断做出断言——肯定或否定，它们才有了真假之分。

感知的特殊之处在于，尽管领会和判断在这里是有区别的，它们也是不可分割的。声称我们感知到了某物，也是断言感知对象是真实存在的。如果判断是错误的，那么我们所谓的感知事实上是一种幻觉。

考虑到这些要点，我们现在可以问这样一个问题：唯一且相同的谈论的对象能够同时既是一个人感知的对象，又是另一个人记忆的对象，还是第三个人想象的对象吗？[①]因为这三个人中有一个人参考的是感知对象（这种情况下，让我们假设他是感知的，而非幻觉），所有这三个人正在谈论的对象也必须是真实存在的。

在两个人谈论一个对象的对话场景中，一个人是记忆中的场景，而另一个人没有提出新的想法。那么必须注意同样的注意事项，应用统一的原则。

让我们花一些时间来关注一下我们对指称想象对象的名称

① 在第一章中有这个问题的详细答案，我在此不再重复。

的使用，这名称指称的不是感知的或者记忆的对象。我们常常彼此谈论这样的对象。我们这里关注的是没有一个人可以感知或记忆的对象，因为它们是从来不会在现实中存在的东西，无论过去、现在或将来都不会存在。让我们称这些对象为“纯粹想象的对象”或者它们有时候被称为“想象的虚构”。

在所有创造的艺术中，只有文学产生那些我们可以进行描述性的交流的想象的对象或想象的虚构，因为语言是它的媒介。诗人、小说家或者剧作家通过他们的想象描述了一个虚构的角色（例如在《白鲸》中的亚哈船长，或者白鲸本身）；或者他表述了一些想象的实体或地方（忽必烈在大都的雄伟宫殿），这是他想象出来的对象。基于他们强有力的想象力和勤奋努力，读者通过他们的作品可以产生出和他们一样的，或者至少接近他们的想象的对象，这就足够实现对话的目的了。

这样的对话以各种各样的形式和无数的例子发生在当人们互相谈论他们看过的书籍的时候。亚哈船长和白鲸并不真正存在，而且永远也不会存在，但这并不会阻止人们谈论这些共同的对象，正如他们谈论现任美国总统或者亚拉伯罕·林肯，或者乔治·华盛顿骑过的白马，或者油画《华盛顿横渡特拉华河》一样。如果认为人们不可能就诗人和作家虚构的对象进行谈话的话，就会被迫得出这样一个违背事实的结论，即语文老师和学生将无法就他们阅读过的作品展开讨论。一个人只需想象那些学生、老师、文学评论者和其他人贡献给莎士比亚的《哈姆雷特》的角色和行为的无数小时，就会避免那些关于想象的对象不能成为对话的共同对象的荒谬的，甚至是无力的观点。

提到莎士比亚的《哈姆雷特》，我们提出了关于想象领域的对象的最后一个问题。一些神话中虚构的角色（例如冥府守门狗 Cerberus 或冥府渡神 Charon），有着历史中不曾出现的专有名称，但是像哈姆雷特和恺撒，都出现在莎士比亚的戏剧当中，并且通常不被看作虚构的。

“哈姆雷特”这个专有名称不仅可以用来指称莎士比亚创造的角色，也可以用来指称 12 世纪丹麦历史学家萨克索·格拉玛提库斯的《丹麦史》（*Historiae Danicae*）中的原型，此外，如果萨克索·格拉玛提库斯的说法是可靠的，“哈姆雷特”曾是丹麦的一个特殊的王子的专有名称，这个王子生活在特定的时期，并曾经参与了杀戮、篡位、乱伦等其他一切事情。

同样的，“恺撒”也是一个专有名称，至少指的是三种不同的对象：1. 莎士比亚戏剧当中的主角；2.《希腊罗马名人传》中描述的历史人物；3. 居住在罗马特定时期的将军，征服高卢，改写历史，穿过卢比孔河的人。

如果我们想谈论恺撒在莎士比亚戏剧中所扮演的角色和行为，我们必须把我们对话中想象的对象确定为“莎士比亚戏剧中的那个角色的名字，恺撒这个名词最先出现在这样一个场景中”。如果对话的两个人谈到恺撒时，其中一个谈论的是莎士比亚戏剧中的恺撒，而另一个人谈论的是《希腊罗马名人传》中的恺撒，那么就会造成混淆。当他们发现他们没有一个共同的对象，但事实上谈论的也是不同的对象——那些在某些方面相似，但实际上不同的对象——时，他们可能会意识到他们在对话中就看似相同的对象进行了矛盾的陈述。

莎士比亚的恺撒是一个想象的对象，对话中没有人对此表示怀疑。事实上，莎士比亚的恺撒和《希腊罗马名人传》中的恺撒具有某些相似之处，同样，《希腊罗马名人传》中的恺撒和公元前59—前44年，作为罗马的执政官的恺撒也有相似之处。但这些都没有能改变莎士比亚创作的地位。他的恺撒是想象中虚构的，与Cerberus和Charon没有什么不同。借助这个观点的力量，我们是否得出了关于《希腊罗马名人传》中的恺撒和历史学家、传记作者描述的历史人物一样的结论呢？

5

现在，让我们转向感知、记忆和想象的对象，这些对象是我们通过语词的指称命名的对象，是概念思维的对象。我们现在面临着与之前的关于记忆和想象的对象相同的问题。这里与那里领会的对象之间不仅不同，也是相互分离的，我们可能做出关于我们领会的对象是否真实存在的任何判断。

更确切地说，判断不应当是关于概念思维的领会对象是否真实存在，而是现实中是否存在一个或多个可感知的或者可发掘的实例。原因在于用于命名概念思维的领会对象的语词总是普遍名称。它们是指称一种或者一类对象的名称，而非指称独一无二的对象的专有名称。

唯一的询问一种或一类是否存在的方式，是问它们是否是一个空类（null class，一个根本没有存在成员的类），或者是一个被填充的类（有一个或多个特殊实例真实存在的类）。换句话说，如果普遍的种或者类，或者有时称作一般性的东西，都不是以此种方式真实存在的就是一个空类。所有的现实存在都是具体的个体。如果说一般性的种或类，具有任何现实性的话，那么这些现实性存在于一些特性或者特征是相同的特殊实例当中，这些特殊实例是同一种的或者同一类的成员。

顺便说一下，前文所说的小孩子称之为“狗”的感知对象会随着接受教育的增长变成使用例如“犬科动物”“四足动物”“脊椎动物”“活的有机体”等词语。这些词语指向了同一个感知对象，但是在概念上的理解方式却是多种多样的。正如阿奎那指出的，“到目前为止，我们只能在我们理解对象的时候，通过我们理解它的方式给予它名称”。因为对一个感知对象的概念理解有无数种方式（即可以被理解为许多不同种类的特殊实例），所以一组普遍名称可以用来指称它。

我们使用普遍名词指称许多概念思维的感知对象，却很少停下来追问它们真实存在的判断问题：这一种或者类的一个或多个感知或可发觉的特殊实例是真实存在的吗?

我们不会想着去追问白天鹅是否存在，但是如果我们碰巧想到黑天鹅的话，我们当然会去追问。我们不会追问狗或者猫，树或者牛是否存在，但是我们会追问黑洞、夸克、介子和其他现代理论物理学的对象，还有包括天使、精神和其他非感知对象等那些我们可以通过概念手段思考的对象是否存在。

前面提到的我们使用语词去命名概念思维的对象使得我们再次面临一个严重的哲学错误，它广泛地存在于近代思想之中，尽管这个错误并不源于近代。

这个错误就是唯名论。它包含了对有时候被称作“抽象观念”，或是“一般观念”的否定，但是无论其名称如何，这些观念能够确保我们在不参考任何可能存在或不存在的特殊感知实例的情况下，理解种或者类。

这些观念是通过我们词汇表中的普遍名称的指称或指向特定种或者类的功能来确保我们领会思想的对象的。唯名论者否认我们有这样的观念，迫使他们尝试提出另外一种解释普遍名称或有时被称作一般术语的意义或指称的解释。我已经指出他们所有的努力都是自我挫败的[①]。

6

严格来说，另一个语言错误源于无法将人类理智与感觉区分开而产生的后果，而非哲学的错误。动物心理学家和行为科学家要对此负大部分的责任，因为许多当代哲学家都将自己看作动物行为的学生。

---

① 见第二章第四小节。

在他们关于动物交流的研究证据中，他们很少注意到具有信号功能的标志和具有指示符功能的标志——正如指向对象的标志——之间的区别。无论是野生动物还是驯养的动物，大部分都通过哭声、叫声和动作来表达它们的情绪和欲望，因此是具有信号功能的标志而非具有指示符功能的标志。这仅仅是在实验室的实验条件下，通过非常巧妙的装置，这些高等的哺乳动物，例如黑猩猩和瓶鼻海豚，在交流时呈现出来的，可以使用类似名称的语词，甚至通过一些语法来组成句子。

这些现象被科学家误解为一种说法，即认为动物和人类语言之间唯一的差别是程度而非种类——动物词汇表中名称词汇的数量上的差别和组成句子的说话方式的复杂性上的差别。

这种误解源于科学家们对感知和概念思维差异的忽视。这又源于他们没有意识到感觉与理智之间的差异，或者他们否认这种差异的存在。

那些不应该被忽视和否认的差异，必须被以不带任何偏见的眼光看待——不能持有人与野兽只有程度上的差异的坚定立场。尽管有证据表明，在实验条件下的黑猩猩的确能够使用人工设计的符号来指称或者命名事物，但它们命名的事物都是感知的对象。没有证据表明它们具有使用不通过感觉感知的具有指示符功能的标志，或者超出它们感觉领域之外的本质上不可察觉的能力。

这就是动物的感知思维能力和人类概念思维能力之间的区别。毫无疑问，动物的感知思维能力能够确保它们进行抽象和概括行为，这与人类的抽象和概括行为具有某种相似之处。

动物行为表现出对不同种类的对象的不同反应，但动物是通过在其经验中的感觉实例来区分各种不同种类的事物的。而人类区分不同种类事物则既没有经验中的感知实例，也不会有任何实例。这是概念思维的显著特征，是人类理智存在的不可反驳的证据，而这些在动物中是没有的。

更进一步地观察，如果它是动物心理学家的说法，可能会正视人类语言和动物获得的使用具有指示符功能的标志之间的差别是种类上的差别，而非程度的差别。这包含了已经产生的差别，即一个通过直接感知领会对象获得其指示性意义的语词与通过一个言语描述获得其意义的语词之间的差别，后者即通过告诉儿童这是“孩子们聚在一起玩耍和学习的地方”来解释“幼儿园”的含义的方式。

在动物身上所做的实验中，没有一种动物通过使用其他标志的组合而获得另一个标志的含义的实例。在每一种情况下，一个被引入动物词汇表的新的符号都是通过一个能够被动物直接领会的感知对象而获得其意义的。

如果动物行为的学生，即当代哲学家参与了他们的观察和实验，认识到了感知和概念思维之间的差异，并且承认人类具有理智和感觉，而动物没有理智的话，他们就不会那么容易地忽略或否认人与动物在使用具有信号功能和指示符功能的标志之间的差别了。

7

最后，我们关注另一个哲学错误，这个错误对当代语言哲学产生了非常严重的后果。与前面章节提出的错误不同的是，这个错误并非源于第一章和第二章讨论的错误。

托马斯·霍布斯在《利维坦》(*Leviathan*)(1651) 的第四章关于语言的部分，把这个错误引入了近代思想中。在霍布斯之前的几个世纪中，“无意义”这个词有着纯粹的描述性的意义。这意味着一个声音或者标记根本没有意义，就好像无意义音节“glub”“trish”一样。

霍布斯引入了“无意义”这一术语的非逻辑用法。例如对他来说的“天使”或与之等价的词汇。

“无实体的物质”是一种无意义的表达，因为他将唯物主义看作形而上学的教条，只有物体或者物质存在于现实之中。因为天使和无实体的物质是不存在的，“天使”和“无实体的物质”这两个词语必须是没有意义的。它们没有指示任何东西，也没有指称任何东西。

霍布斯把这里他犯的错误归结为一种矛盾：“无实体的物质”是一种矛盾，不能存在。即使一个人要赋予他唯物主义的前提，即除了实体和有形物质外，没有任何东西存在，这种无实体的物质或者天使仍然不会存在。这个前提得出的唯一结论是天使不存在，不仅仅是不可能的，而且与“圆的方”一样是自相矛盾的。

然而，这不是要考虑的重点，重点是，霍布斯将名称语词的指示性引用减少到另一种引用模式，这种模式包含了一种对真实存在事物或者具有真实实例存在的种类的引用。

如果我们只追问天使是否存在，并且如果我们承认或者否认天使的存在，那么“天使”这个语词就一定包含了某种意义。依据霍布斯所言，如果它是彻底无意义的，我们就不会提出问题，或者做出肯定或者否定的回答，正如我们不会追问“glub”

或者“trish”是什么意思。

唯一真正无意义的符号是无意义音节，例如“glub”或者“trish”，或者是类似“圆的方”一样矛盾的存在。一个圆的方仅仅是难以置信或者不可想象的。既然如此，就没有这样的观念，没有我们可以领会的思想的对象。因此，这些短语指示或指向不了任何东西。

“如果一个人应该和我谈论非物质的实体，或者一个自由的主体，自由意志，”霍布斯写道，“我不应该说他是错误的，但是他的语词是没有意义的，也就是荒谬的。”他接着说那些从来没有存在过的事物是荒谬的表达，“也不是偶然的感觉”，“从信用的角度来说，没有任何意义”。

霍布斯错误的焦点是消除所有没有外延意义存在（引用真实存在的）的指示性的引用。正如我们之前观察到的，除了不是幻觉的特殊的专有名称和感知对象的普遍名称，所有其他具有指示性引用的普遍名称都没有外延性的存在。几乎所有我们能够命名的记忆和想象的对象，和我们能够命名的概念思维的对象，它们的名称是否真实存在都应当被追问。

关于这些被追问的问题，如果这些对象不通过具有引用意义的标志被命名，那么这些应该被问的问题就不能被问。消除引用意义，也没有外延存在使得这些问题变得没有可能。

霍布斯20世纪的追随者，即使是那些知道他们正在详尽说明霍布斯简单提及一个点，并且驳回了不值得的进一步评论的东西，都试图避免刚刚提及的他们所说的“意义”与“引用”之间的区别。

对他们来说，名称语词唯一应当具有的引用意义涉及存在意义的指称，即指称真实存在。一个相对较少数量的特殊专有名词，或与它们具有同样表述的词汇，例如“美国第一任总统”，都具有这样的指称意义。

所有我们词汇表中剩下的语词都只有意义而没有引用。这种意义在于它们的内涵，它可以通过其他一组语词来表达。但它们什么都不引用。

近代语言哲学家是如何得出这样一个荒谬的结论的呢？它的根源是什么？在我看来，唯一的解释就是他们对形式和工具性符号之间的区别的忽视，因此他们无法理解需要通过直接领会对象才能变成名称的语词，引用的对象是通过在我们心灵中的作为形式符号的观念才获取指称意义的那些对象。

因此，所有我们应该追问其存在问题的命名思想对象的语词都具有指称意义。它们的指称意义在于它们指向的对象，无论它们的实例能否被感知，因为它们都存在于现实之中。这样的语词不仅有意义，还有含蓄的意义。它们具有与任何正确使用的专用名称或明确描述一样多的参考意义。

这种还原论的错误，在于减少其指称意义，变成了一种包含对真实存在的某物的指称的模式，这是罗素的著名的摹状词理论的核心。这个错误的核心是假设名称是断言这一错误——我们不能在不断言某物的名称真实存在的前提下命名某物。

命名不是断言，只不过是将领会一个思维对象等同于对对象的真实存在做出判断。只有在真实感知的情况下，领会一个对象和做出一个关于它的真实存在的判断才是不可分割的。在其他情况下，领会行为和判断行为不仅是有区别的，而且是互相分离的。一种行为可以在没有另一种行为的情况下发生。因此，我们可以使用语词来指称领会对象的存在，并停止判断或提出问题。

由于这些源于霍布斯的错误，20 世纪的语言哲学放弃了解释我们日常词汇中的大部分语词的指称意义——所有语词没有包含那种指称某物真实存在而具有指称意义的模式（根据任何可能包含实际存在组成的形而上学原则）。

这就导致了一个愚蠢的禁令“不要寻求意义，而要寻求它的用途”。就好像它可以在不首先确定其含义的情况下，发现一个语词的用途是可能的似的，必须在使用一个语词包含的意义之前就确定它能够用于一种特定的方式而非另一种。反过来说，正如现代语言哲学家相信的那样，语言是不能够控制思想的。

对当代语言哲学家们放弃了对我们日常词汇中大部分词汇的含义的另一种可能的解释是因为他们意识到了洛克尝试这么做无法避免的尴尬境地。无法避免洛克犯下的错误，也无法正确地解释这件事是因为他们忽略了深刻的洞见和成就，所以他们把整个事情都看作一个糟糕的工作。

第四章
知识与意见

1

亚里士多德说，所有人先天都渴望求知，但生来就有这种天然的倾向则可能不是真的，事实上所有人都是持续地培育自己的这种倾向。当然，很少有人将知识（knowledge）看作不可欲的（desirable），知识是值得珍视的善，并且是一种没有限制的善——越多越好。

一般来说，我们说一个人拥有关于某物的知识，意味着他占有了关于它的真理。人们在某些时候可能会错误地声称自己的确拥有知识，但是如果他们真的拥有知识，那么他们在某种程度上的确掌握了真理。“假知识”是一个矛盾的表述，“真知识”也显然是多余的。

要知道的是，知识与意见（opinion）的界线也应该是清晰的。“真意见”没有任何矛盾之处，“假意见”也没有什么多余之处。意见可以是真的或者假的，但知识不能。如果人们声称他们拥有关于某物的知识，但因为它是错误的，最后被证实为不是知识，那么他们就错误地将知识仅仅看成意见了。

与知识和意见之间的区别相似的还有另外两种区别。一个是我们可以确信的事物，即没有丝毫怀疑的事物，与那些仍有些许怀疑的事物之间的区别。有些怀疑超出合理，我们仍可能会被它们说服，但是这并不能把它们完全排除出怀疑的范围。有些怀疑仍没有消失。

另一个是可纠正且易变的事物与不可纠正且不可变的事物之间的区别。当我们对一些事情有把握的时候，我们就掌握了一个既不可纠正又不可改变的事实。当一些事情还存有一些疑问时，即便是在最微不足道的程度上，它们也是可纠正且可改变的。我们应该注意到的是，我们可以改变对它的想法，并且修正那些错误。

基于这些区分知识与意见的评判标准，我们到底拥有多少知识呢？我们中的大多数人都会承认我们拥有的知识寥寥无几。我们意识到在科学史上，即使是最受尊崇的公式也会发生变化和修正。但与此同时，我们也不会说那些到目前为止，最权威且伟大的科学概论或结论是一些纯粹意见。“意见”这个词，特别是当它被“纯粹”（mere）一词限定的时候，常常带有一种含蓄的贬义。具体说来，将科学称为意见而非知识是不可接受的。

解决这个困境的唯一出路在我早先的一本书中曾经提起，该书包含了关于真理观念的一些章节[①]。我在此重复这一点，为我们讨论关于人类知识的特性和局限的两个近代哲学错误奠定了基础。

在我看来，解决该困境的方案在于识别出两种不同的意义，“知识”一词意味着与任何可以被称为意见的事物具有截然不同的意义，以及一些特定类型的意见可以恰当地被称为知识的意义。这就会产生出另一类型的意见，它与知识十分不同，这一类型的意见应当被称为纯粹意见。

当评判知识的标准如众所周知的真理那样是确凿的、不可纠正且不可改变的，那么那些极少数被称作知识的事物将与被称为意见的东西远远不同。在这个极端意义上，作为知识的例子是一小部分不证自明的真理。一个不证自明的

① 详见《六个伟大观念》（*Six Great Ideas*）（1981）。

真理意味着与其相对立的东西是难以思考的。它也可以被称为一个必然（necessary）的真理，因为它的对立面是不可能（impossible）的。

一个有限的整体大于它的任何组成部分，该有限整体的任何部分都小于这个整体，是一个不证自明的、必然的真理。我们无法思考其对立面。“部分”和“整体”的术语是难以定义的。我们不能单独使用“部分”这个概念而不伴随“整体”这一概念，或者使用“整体”而没有“部分”，因此我们无法单独定义什么是部分或者整体。我们是通过部分和整体彼此的关系来理解这两个概念的，我们不能理解一个部分大于一个整体，或者一个整体小于一个部分。

有时一些定义符合我们已知的不证自明的真理。我们把一个三角形定义为一个三边的平面图形。我们将对角线定义为在规则平面的多边形中不相邻的两个角之间的连线。由此我们可知，有三个边的三角形是没有不相邻的两个角的。因此，我们清楚地知道三角形中不可能有对角线，正如正方形、五边形等图形中会有对角线一样。

无论他们知道与否，那些说我们很少具有这些珍贵的、确定的知识的人可能没有意识到，我们所拥有的这类少量的知识是由像刚才列举的那些不证自明的或者必然的真理组成的。

那么剩下的所有事物都是意见吗？既是又不是；如果我们坚持真理的标准是确定的、不可纠正且不可改变的，那么答案就是肯定的；如果我们放松了这个标准，并认为有一些意见可以在有证据和理由的基础上，具有充分的力量去证明那些我们称为意见的东西，在特定的时候（at the time）也可以是确定真实的，那么答案就是否定的。

我在此强调“特定的时候”，是因为我们已经放弃了真理的标准是不可纠正且不可改变的，所以我们必须准备好接受那些当下具有可行的证据和理由而成为真理的意见，可能在未来的某个时候就变成了错误的，或者是当有些新的证据或者其他理由出现的时候，变为需要修改或纠正的。

我们应该准备好说这些可纠正的、易变的意见是知识——是那种在未来可能需要修改、纠正甚至放弃的知识。从反对意见应得的知识地位这个意义上来说，仍还有一些被称为纯粹意见的东西，因为它们没有任何证据和理由成为知识。

我们个人的偏见就是这种纯粹意见。我们对这些偏见也往往是坚决而顽固的，即使我们无法找出任何一个证据来证明它们，也不能提供任何一个理由去断言它们是真的。这个情况也适用于一些我们珍惜和庇护的信念。

有时我们使用“信念”一词表示我们对一些意见的质疑，这些意见是我们基于特定的证据和理由断言为真的意见。在这种情况下，说我们知道（know）它（因为我们有充分的理由断言它是真的）与我们相信（believe）它（因为我们仍然对于它的真实性保留了一些怀疑的理由）是同一件事情并不是错误的。

然而，在其他时候，我们使用“信念”来表述那些完全缺乏证据和理由而断言的意见，那些我们相信的，超出当下所有可行的证据和理由。那么，这种情况下，我们就不能说我们知道它，而只能说我们相信这些我们坚持的纯粹意见。

唯一不恰当地使用“信念”，是将其运用于不证自明的或者必然的真理的时候。我们知道整体比它的任何部分都大。说我们相信它则是对断言为真理的严重误解。这也适用于许多其他的数学真理，但不是全部的数学真理。我们知道，而非相信，二加二等于四。

不只是个人的偏见，所有个人品位的东西，像喜欢这个东西而不喜欢那个东西，都是纯粹意见的范畴。在这些个人品位和偏好方面，我们可能有自己的理由喜欢或者不喜欢它们，但是这些理由对于衡量别人的喜好、偏好是否与我们的完全不同是没有任何影响的。

“知识”一词的延伸含义不仅包括了那些在特定时间依据可靠的证据和理由，断言为真的可纠正和可改变的意见，还包括了那些超出合理的怀疑，但没有超出怀疑范围，可被断言为真的意见。它包含了那些他们偏好的具有充足证据和理由的意见，作为反对那些具有较弱证据或理由支持的证据。

一般来说，获取知识不像吃东西。我们吃什么东西是将其带入我们的身体里，并对其进行消化和吸收。吃进去的东西变成我们身体的一部分，而不再保持我们吃进去之前的样子。但是有一个明显的例外，我们知道某些事情绝不会影响或改变这些我们知道的事情。我们可以以某种方式将其带入我们的心灵中，但这样做它还是会保持着我们知道它之前的样子。这个例外发生在量子力学的范畴中，我们用以研究和观测现象的仪器，的确会影响我们观察和测量到的现象。

我刚才提到知道和吃东西之间的区别，需要我注意到对“知道”（knowing）一词的另一个特殊用法，或者说误用。它涉及我在前一章中提出的我们应当关注的，心灵的两个行为之间区别。

心灵的第一个行为是简单的领会。一些东西可以被领会，成为一个感知的对象，一个记忆或者想象的对象，或者概念思维的对象。严格来说，除了例外情况，我们不能使用“知识”一词来表达这种领会。

除了必须与感知判断联合在一起的感知领会，所有其他形式的领会都与对领会对象的判断是分离的，无论这些对象是否真实存在，也无论它们事实上的特征与领会到的特征之间是否相同。独立于这些判断的领会不是知识，因为关于它们没有正确和错误之分。唯有引入判断才有正确和错误之分，严格来说，这样的领会才能被称作知识。

在某种程度上，获取知识与吃东西是类似的。可食用的东西，在被吃掉之前是独立于食用者的，无论它被吃掉以后会变成什么样子。因此，同理，可知的东西也是完全独立于获取知识的人的，无论它可否被认识，也无论它是如何被认识的。

我们常用“现实”（reality）来表达可知事物的独立特征。如果没有现实，那么就没有那些具有独立于心灵的可知事物存在，没有任何事物是可知的。现实是存在的，无论我们是否思考过它，也无论我们如何思考它，它都具有自己的特征。

可知的现实可能是，也可能不是物理性的。它可能是仅仅由我们感觉感知到的东西构成的，也可能不是。但是无论它具有什么特征，它的存在必须是公共的而非私人的。它必须可以被两个或两个以上的人认识。没有任何只能被一个人认识的东西，可以被称作知识。任何可以被一个人真正认识的事物，也必须同时被其他人所认识。

这足以作为接下来讨论的前提。我将使用“知识”一词涵盖所有我们知道的必然的、不证自明的、有确定标准的真理，也包括那些我们可以基于充分证据和理由断言为真的、比其对立面有价值的意见。我将用它涵盖那些我们知道的，同时也是我们相信的东西，尽管它们其中的一些仍存疑。我将用它来指称正确或者错误的判断，但是从不用于没有正确或错误之分的领会。并且，我也会使用“纯粹意见”这个短语表述那些对任何人来说，在前述情况下不可能成为知识的东西。

2

我们这里关注的两个哲学错误的制造者是大卫·休谟和伊曼努尔·康德。历史上，休谟对康德的影响得到了康德的承认，也促使康德建造了他的哲学大厦以避免休谟得出的结论（他认为休谟的结论是站不住脚的，甚至会带来巨大的灾难），使得这两个错误的关系变得明朗。

从一方面看，这两个错误代表了两个对立的极端。从另一个方面看，它们代表了同一个错误的对立面。这两种情况下，这个错误都与将感觉经验作为知识的来源和限制有关。这两个错误是彼此对立的，因为它们在“确定的、不可改变的和不可纠正的东西是否属于知识”的立场上是对立的。

休谟的错误有其早期的根源，我们在第一章和第二章中讨论过这个错误，特别是洛克的错误，即如何对待感觉和理智，将观念看作我们可以直接领会的对象的观点。另一方面，康德的错误源于休谟，他试图通过指出休谟的结论是矛盾的，其前提是错误的，来避免自己的错误。

如果他放弃了休谟的前提，那本身就足以避免休谟的结论。但是他没有这样做。相反，他创造并建立了一个微妙而复杂的哲学结构，试图达到并支持与休谟完全相反的结论，但他错了。

3

让我们先从休谟开始，接下来再讨论康德。

开始的地方是休谟在《人类理智研究》中得出的最终结

论。正是在这里，休谟提出了他称之为“一种温和的怀疑主义”的立场，而非极端地否认人类可以拥有任何知识，即所有的事情要么是真的，要么是假的。因此，他承认我们的确拥有两类知识。

一种知识是在数学中发现的。他将其称为“抽象科学”，因为这类知识不涉及对事实或真实存在做出的任何断言或判断。它只涉及我们自身的观念之间的关系，即我们关于量和数的观念。这里可以展开论证，并具有一定程度的确定性。但是，他继续说道：“所有试图超越这种界限达至更完美的知识类型的尝试，都仅仅是诡辩和幻觉。”

我们对特定术语的定义给我们提供了一些命题或判断，它们也具有一定程度的确定性。因此如果我们把不正义界定为对财产的侵犯，那么我们可以肯定的是在没有财产的地方，就不会有不正义。但这仅仅是一个定义的问题。不正义的定义是不同的，因此，在没有财产的情况下，本质上是不能思考什么是不正义的。

休谟接着告诉我们，除了数学，“人类追问的所有其他都是关于事实和存在的东西，而这些显然是无法证明的。任何判断的对立面都存在一些东西，它们是这样的，并且这样是永远可能的”。关于事实和真实存在的判断可以通过证据和理由来得到支持。当它们得到支持时，它们就成了知识，而不再是纯粹意见；但它们永远是缺少确定性并堕入怀疑范围内的知识——这种怀疑的范围是既可更改又可修正的。

这样的知识依赖于我们的感觉经验。“它仅仅是经验，”休谟写道，“它教给我们因果的本质和界限，使我们能够从一个对象推断出另一个对象的存在。”基于这些标准，休谟承认了经验知识的范围（与抽象知识形成对比）是历史、地理和天文学，甚至也包括那些“处理一般事实……，政治、自然哲学、物理、化学等”的科学。

这使得他在《人类理智研究》的最后一段得出了令人震惊的结论：

> 当我们遍历我们的知识库，被这些原则说服，我们肯定会造成什么样的大混乱呢？如果我们掌握了任何东西，例如神学的，或者学院的形而上学，我们会问，它包含关于任何量或者数的抽象推理吗？不！它包含任何关于事实和存在的实验推理吗？不。把它付之一炬吧：因为它不包含任何东西，除了诡辩和幻觉。

划分什么是应该被尊重的真正的知识与什么是应该被忽视的纯粹意见（或谬误、诡辩和幻觉）的标准有两个：1. 知识和可以被称作科学的东西：只涉及抽象的，并且不包含任何关于事实与真实存在的判断。这里有数学，与之一起的还有逻辑科学。2. 如果它处理的都是特殊事实，例如历史和地理，如果它处理的是一般事实，例如物理学和化学，这都是知识。

在这两种情况下，仅在基于实验推理的前提下，它们才是知识，包括对实验室和天文台所发生的那种类型的实证调查，或历史学家和地理学家进行的那种方法性的调查。

那么休谟将什么从知识领域中排除出去了呢？尽管他所说的是“自然哲学”，在他所处的时代和我们现在所说的物理科学一样，但他的意图是拒绝诡辩、幻觉或意见。这些东西在古代和中世纪都是传统的哲学，这里包括了关于自然的哲学，或没有实验、不依赖经验调查的物理学，也包括了形而上学和神学哲学。

这种关于知识与意见的观点，在 19 世纪和 20 世纪，以实证主义或科学主义的形式出现在我们身边。“实证主义”一词源于实验或研究科学的事实，或其他依赖调查和研究的知识。例如历史，被称为实证科学。

实证主义是这样一种观点，即认为唯一真正的关于事实或可观察的现象世界的知识，只有在实证科学中才能找到。数学和逻辑学也是真正的知识，但它们不是关于可观察的现象世界的知识，或者说不是关于事实或真实存在的知识。因此 20 世纪的科学主义或实证主义被称为“逻辑实证主义”。

这里是关于知识与意见的错误观点的一个方面。另一个方面是在伊曼努尔·康德的《纯粹理性批判》中发现的。后者的后果更为严重，影响也更加深远。

4

康德说是大卫·休谟使他从独断论的迷梦中惊醒过来的。他之前的独断论，以及他找出矛盾之处的休谟的怀疑主义，都被他建构的批判哲学所取代。因为它先于经验的性质，批判哲学有时也被称为先验哲学。

要想理解这一点，首先必须注意康德思想中的两个区别：一个是先天的（priori）与后天的（posterior）的区别，一个是分析与综合的区别。

依照康德的观点，先天的包含了在心灵中任何优先于感觉经验的东西，也包括任何不是基于感觉经验做出来的判断。当然，后天的在这两个方面都与先天的相反。

分析判断包含了完全取决于定义的真理的判断。因此，如果铅被定义为不导电的金属，那么铅不导电的判断依据是一个真实的分析判断。因此，如果人被定义为一个理性的动物，那么判断人类有理性也是一个真实的分析判断。在每一个例子中，被考虑到的主语的谓语表述（“不导电”和“具有理性”）已经包含了对被考虑的主语（铅和人）的定义。

显然，这样的分析判断是，事实上也必须是先天的。它们的真实性仅仅基于术语的定义，而不基于感觉经验。休谟将这样的分析判断当作处理我们观念关系的真理，而非事实和真实存在。在休谟之前的约翰·洛克，则将其仅仅看作是同义反复。在洛克看来，判断是微不足道的，没有指导性的。在我看来，洛克不理会这种它们不值得认真思考的观点是正确的。

在本章的早些部分，我解释了不证自明的真理的性质，这些真理具有确定性且不可更改，因为我们无法思考它们的对立面。例如一个有限的整体大于它的任何部分，在康德的意义上来说不是分析的；它的问题在于——整体与部分——是不可定义的。在康德的意义上它也不是先天的，它的真理性在于我们可以理解整体与部分的术语，这是从单一的经验中获得的理解，例如撕开一张纸，我们就将整体分为部分。

自康德以来，哲学家们就误解了哲学传统的早期被理解为不证自明的真理或公理的意思。他们错误地接受了康德将这些真理限制在同义反复、琐碎和无关紧要的陈述范围内。

但这并不是康德犯的最严重的错误。更严重的错误是他将综合判断看作先天综合判断。一个综合判断不是琐碎的或者无关紧要的。它也的确不依赖于一个任意定义的术语。休谟将它看作关于事实或真实存在的真理的一类判断。在每一种情况下，对立观点认为想象和思考它们都是可能的。但对于休谟来说，关于事实的判断是综合的，包括了它对一种或另一种的经验的依赖。因此，它不能是先天的，即独立于感觉经验的。

正如康德所做的那样，坚持综合判断是先天的，也许是他克服休谟得出矛盾的结论唯一且最关键的一步。他这样做的目标是什么呢？他的目标是确保建构起来的欧几里得几何学和传统数学不仅仅具有确定性，还包含了应用于我们经验世界的真理，也赋予了牛顿物理学相同的地位。

为了做到这一点，康德赋予了人类心灵的感觉－领会（sense-apprehension）或直观以先天的形式（时间和空间的形式），赋予知性以先验范畴。这些与笛卡儿的“天赋观念”是不同的。心灵将先天形式和范畴赋予了经验，从而形成了我们拥有的经验的形态和特征。

依据康德的观点，心灵不是一块白板（洛克则坚持心灵是一块白板，来反对笛卡儿的天赋观念），空无一物，直到它从感觉经验获得了观念。洛克正确地坚持了中世纪的格言，心灵是空无一物的，直到它从感觉经验中获得了思想。但康德拒斥了这个格言。

感觉–领会的先天形式和知性的先验范畴是心灵固有的，它们是先于任何感觉经验而存在于心灵当中的。我们的普遍经验具有相似的特征，因为这些特征都是人类心灵的先验结构赋予的。它（普遍经验）是被形成和建构的。

康德发明的这种精巧的机制让他认为他已经成功地建立并解释了欧几里得几何学、简单算术和牛顿物理学的确定性和不可更改性。三个历史事件足以证明他认为自己成功地做到了这一点是多么荒谬。

非欧几何和现代算术理论的发现和发展充分地表明，将康德发明的时空的先天形式看作控制我们的感觉–领会，并给予欧几里得几何学和简单算术以确定性和现实性是多么彻底的失败。

同样地，现代相对论物理学取代牛顿物理学、概率或统计规律对因果律的补充、基本粒子物理学和量子力学的发展，也都充分地表明康德对知性的先验范畴的发明，赋予牛顿物理学以确定性和不可更改性是多么彻底的失败。

在 20 世纪，任何人都可以看出康德的先验哲学是令人困惑的，尽管在某些方面，它作为一种极其复杂和巧妙的理智发明，仍然是令人钦佩的。

康德声称他的先验哲学试图给数学和自然科学以一种它们不具备的确定性和不可更改性，但这种先验哲学本身却充满了荒谬的特征。那么什么是康德声称的他的哲学的批判特征呢？这种批判特征将我们从传统形而上学的教条主义，特别是它的宇宙论和自然神学中拯救了出来。

康德认为，传统的形而上学领域真正的知识需要借助来自经验的概念做出断言，这是超出经验范围的，必须拒斥这一观点，因为经验是由人类心灵的先天结构构成的。休谟认为传统形而上学是诡辩或者幻觉，康德则认为它是超验的。

然而，所有运用于形而上学的观念都不是经验概念。例如上帝的观念，宇宙作为一个整体的观念都不是来自感觉经验的概念。相反，它们都是理论建构而成的。

因此，即使它超越了所有的感觉经验，对我们来说仍是可行的，运用这样一个观念也不是无效的。让我在此补充说明不像一个经验概念，没有一个理论建构的概念，也不能有任何感知的特殊实例。

我刚刚提到的这些形而上学概念，上帝和宇宙作为一个整体，同样适用于 20 世纪理论物理学的一些重要的观念，例如夸克作为特定的基本粒子的观念，如介子或者黑洞等。所有这些都是理论建构的，都不是经验概念。

康德没有意识到经验概念和理论建构之间的区别。他反对传统形而上学缺乏真正恰当有效的知识的理由，同样适用于 20 世纪的物理学。这里，再一次地，我们有理由不认可康德声称的他的哲学的批判性特征。

最终，我们来到了也许是近代哲学从康德那里继承来的最严重的错误，即用唯心主义取代现实主义的错误。尽管洛克及其追随者休谟错误地认为我们心灵中的观念是我们唯一的可以直接领会的对象，他们也在某种程度上（尽管不是自相矛盾的）承认我们拥有关于现实的知识，是独立于我们的心灵的。但康德并非如此。

我们拥有的有效的知识，永远且只能是我们经验的世界的知识。但是正因为这是一个我们经验到的世界，依照康德的说法，它不是独立于我们心灵的世界。正如我们已经看到的那样，它不是独立的，因为经验是由我们心灵中的先天结构建构的，先天结构是直观或感知的形式和知性的范畴。不独立于我们的心灵，它就很难被看作真实的，因为真实的本质特征就是独立于人类心灵。

对康德来说，唯一独立于人类心灵的东西是“物自体”，即事物本身，本质上是不可知的。这就等于说，真实是不可知的，可知的是感觉意义上的想象，它是我们的心灵带入的观念，并且心灵塑造了它。

实证主义和科学主义有着休谟哲学错误的根源，唯心主义和批判哲学则源于康德的哲学错误，从它们的时代开始，就对近代思潮产生了许多尴尬的后果。几乎在每个情况下，这些错误都形成了这样一个事实，随后的思想家都在没有修正他们造成的错误前提下，试图避免他们的后果。

在这短短的一章中，不可能去处理全部的缺点、尴尬，以及 19 世纪和 20 世纪思潮中增加的错误。我只说一个简单的处理知识与意见的方案，并修正和避免由休谟和康德造成的哲学错误。

5

让我们回到区分知识与纯粹意见的讨论的关键之处。一方面，我们知道不证自明的真理具有确定性和不可更改性，另一方面，我们知道真理也有可疑之处，但可以得到证据和理由的支持，使得它们超越合理的怀疑，或者至少赋予它们大于其对立观点的优势。其他剩余的都是纯粹意见——不能成为知识或者不是真理。

毫无疑问，历史研究的发现和结论就是这个意义上的知识。毫无疑问，实验或经验科学的发现和结论，无论是自然的还是社会的也都是这个意义上的知识。

与此类知识——关于现实的知识，休谟会说它们是关于事实与真实存在的知识——相对应的是数学和逻辑学这一类的知识，它们不是关于现实的知识。它们不是实验或经验知识。它们也不依赖于调查研究而得出发现和结论。

依照我的判断，亟待解决的问题是，休谟和康德的回答是错误的，这个答案仍然以各种形式持续到我们的时代。理论哲学（我指的是哲学物理学、形而上学和神学哲学）在这个图景中处在何种位置？它是纯粹意见，还是真正的知识，或是那种类似经验科学，关于事实的知识呢？

依据我们时代最杰出的科学哲学家卡尔·波普尔先生的观点，划分知识与意见的一个确定的标准是：通过观察到现象，依据经验证据证伪。一个意见，一种观点，一种理论，不能被如此证伪就不是知识，而是纯粹意见，无论真假在这里都没有任何客观的意义。划出了这条分界线，波普尔将实验和经验科学放在界线的这一边，将理论哲学（包括我上述提到的所有）放在另一边。

虽然波普尔提出了不同的说法，但他仍然重复了休谟在《人类理智研究》中的结论。得出相反结论的原因如下。

在最开始的地方，普遍经验与特殊经验的区分被忽略了。科学与历史要求的经验证据是由调研方法观察到的数据形成的，是使用观察和实验室中的工具和手段得到的证据。这些观察到的数据不是那些不从事科学和历史研究的普通人能够得到的经验。

与这些只有从事调研的人才有的特殊经验形成鲜明对比的是，普遍经验是我们的日常生活中，所有的人都有的日常经验。我们只要醒着，并且感觉在发挥作用就可以拥有这些经验。我们无须费力去得到它，我们也无须通过回答问题而探寻它，我们也没有使用任何方法去完善它，我们也无须借助任何工具通过观察而得到它。

这样的经验范围有一个核心构成了人类的普遍经验，就是在任何时间和地点，所有人类的经验都是相同的。

伴随着心灵的这个特征，在特殊经验与普遍经验之间，在源于调研的经验和无须做出这些努力就可获得的经验之间，我们可以区分知识的形态，尽管在依赖经验的同时还需要反思，还需要依赖不同程度的经验。

数学就是一个很好的例子。数学研究主要是通过反思和分析思维展开的，但它也依赖于一些经验——人类具有的普遍经验。数学家不参与经验调研。他们不需要观察得来的特殊数据。数学可以被称为脱离实际的科学，但也有一些人类共同的经验，隐藏在数学家从事的反思和分析思维的背后。

思辨或者理论哲学，例如数学，是可以在一个桌子旁边或者扶手椅上就诞生的知识类型。哲学家们发展此类理论或支持他们的结论需要的唯一的经验就是人类的普遍经验。反思此类经验，并通过理性分析方法来推进观点，哲学家得出结论的方式类似于数学家的程序，而非实证科学家。

然而，我们必须注意到一个重要的差异，这个差异是理论哲学家与实证哲学家之间的差异，而非数学家与理论哲学家之间的差异。不同于数学，但像实证科学、理论哲学的知识是关于现实的知识。

正如我们刚才所说，我们可以把知识的领域分为：1. 依赖调研的知识类型；2. 非调研的和仅仅使用人类普遍经验，而非特殊经验的知识类型。前一类知识属于历史、地理和所有经验科学，包括自然和社会。后一类知识属于数学、逻辑和理论哲学。

如果划分知识的类型依赖于其是否是关于现实的真理，那么尽管理论哲学不依赖于调研方法，也应当与历史、地理和经验科学归为一类。

每个学科，根据各自的特征，都有各自独特的方法；根据方法的局限性，都只能回答特定的问题，而不是其他问题。哲学家和数学家可以回答的问题是不依赖于任何经验调研的，也是经验科学家无法回答的。相反，科学家可以回答的问题则是依赖于调研方法的，哲学家和数学家也无法回答这类问题。

所有类型的知识与纯粹意见之间的区分不仅仅是波普尔提出的那一种标准。被经验证伪——无论是科学调研得出的观察数据还是普遍经验的材料——的确是我们区分真正的知识与纯粹意见的确定标准之一，但它并非唯一的标准。

另一个标准是依赖理性论证的证伪。唯一不能证伪的真理是极少数我们提出的具有确定性的不证自明的命题，并且它们也是不可更改的。因为我们关于现实的知识，无论是科学的还是哲学的，都不是由不证自明的真理，或者由不证自明为真的前提推演而来的结论形成的，科学的和哲学的理论或者结论必须可以被三种方式证伪。

第一种是通过经验证伪，从而产生出相反的证据来支持观点是正确的，并赋予其知识的地位。第二种是通过理性论证证伪，理性论证提出了正确的理由，或者修正理由以更进一步地支持观点是正确的理由，并赋予其知识的地位。第三种方式是前两者的结合——新的和更好的证据，一起“以新的和更好的理由支持一个曾经被证伪的对立观点”。

意见则不能被三个方式中的任何一个证伪，因为它们不是知识而是纯粹意见。

如果不是这样，这本书指出的这些哲学错误，并且通过提供证据和理由来修正这些错误都是骗人的。我们也无法通过正确的或者接近正确的观点去取代它们。

如果哲学是纯粹意见，那么将不会有哲学错误、荒谬的观点、错误的教条。将不会有更接近真实的观点或教条取代这些观点，因为它们获得洞见，并具有显著的特征是源于一种或另一种原因，而非继承自那些曾经制造错误观点的人。

6

前面的分析并没有穷尽所有的东西。它不包含源于学者研究的知识类型，例如文献学、宗教比较研究和美术等。如果依赖调研方法的知识类型属于经验科学而非哲学，那么，另一个待解决的问题是它们是否是关于现实的知识。

参照宗教信条或信仰的知识也被忽略了。它们被称为知识，但如果被简化为纯粹意见，就会失去它们所有的功效。但是它们提出这样的说法的领域是完全不同于我们区分真正的知识与纯粹意见的标准的，将宗教信仰或信条放在我们现在面临的图景中，展开简短讨论是不可能的。

在我们所有人共同经验的基础上，我们具有关于事实和真实存在的常识的知识，这些知识既不是科学的也不是哲学的。在常识知识和理论哲学之间有一种关系，但这种关系并没有出现在常识知识与经验科学之间。

理论哲学是在共同经验的基础上对常识的分析和反思。我们的常识知识是被哲学思考深化、启发和阐述的知识。几乎没有任何健全的哲学与我们的常识相冲突，因为两者都基于人类的共同经验而产生。

这就是为什么我一再重申，哲学不同于调研科学、历史研究或者数学，哲学事关每个人。后面这些学科都越来越趋向专业化，并成为专家学者们的领域。只有哲学，因为与普通人的常识知识紧密相关，保持了非专业化——一般性的领域，与每个人相关。

20 世纪广泛流传的错误的重要之处在于将理论哲学降级到纯粹意见的范畴，在其他领域的学习越来越细分，专业化所主导的时代，这是一种文明的灾难。如果哲学思索不被尊重为对关于事实真理的追求，那么我们的文明将会不再产生拥有广泛知识的通才。

知识不是理智事物中最高的部分。具有更高价值的是理解和超越它的智慧。无论其在何种程度实现，它们都是通过我们的哲学思考变成我们的东西，而非科学知识。哲学不仅仅作为一种知识类型为人类做出贡献，而且通过哲学思考，我们可以理解我们知道的其他所有的事情。我们有理由希望从这些理解、成熟的判断和广泛的经验中，最终获取某种智慧。

第五章
道德价值

1

在前面的章节，我们讨论了关于现实的知识，即关于事实和真实存在的知识。在这方面，我们考虑了那些声称是关于现实的知识的思辨或理论哲学的地位。

我们这里面临的则是另一类型的知识，例如道德哲学，它并未声称自己是关于现实的知识，而是更为关注道德价值——关于善与恶、正确与错误，关于我们应该在生活中追求的东西，以及我们应该或者不应该做的事情。

显然，在关于什么是存在或不存在，或者关于什么是或不是一些存在的事物的特征的判断，与关于什么应该追求什么不应该追求，或者关于什么应该做什么不应该做的判断之间存在着鸿沟。第一种类型的判断，涉及存在或特征的断言，我们称之为描述性的。第二种类型的判断，涉及应该或不应该，我们称之为规定性的。有时候，后者也被称为规范性的，因为涉及行为的标准或者规范。

上面提及的鸿沟涉及两个方面，一方面是事实问题，另一方面是价值问题，特别是善恶、是非的价值观。对这些问题的判断与我刚才称为规定性的或者规范性的判断类型是密切相关的。如果一个人认为某物是好的（good），就等于说它是值得追求的（sought）。同样，如果一个人认为做某事是正当的（right），也等于说它应该被做。

通常情况下，如果人们被问到他们是否支持道德哲学持有关于道德价值真理的真正知识，我发现，他们会分为两个阵营。我不会猜测哪组代表了绝大多数人，我猜测的是没有一组的人数远远超过另一组。

其中一组人认为，当我们讨论现实，关于事实和真实存在的时候，我们可以获得真正的知识，并持有某些真理，尽管这些真理可能会受到质疑和修正。但是在他们看来，我们关于善恶、对错的判断，或者我们关于什么应该或不应该做的规定性判断，是没有正确错误之分的。除了我们个人的喜好，我们喜欢与不喜欢的，他们什么也不表达。

对这一组的人来说，道德哲学不是真正的知识。道德判断仅仅是一种纯粹意见，关于它的争论是没有意义的，如同争论任何味觉或者个人偏好的问题一样，是没有意义的。当面对道德价值的争论时，这个组的人把它们当作无意义的重复，是甲之蜜糖，乙之砒霜的评论。他们甚至可以引用蒙田或莎士比亚的话，认为没有什么善恶，一切都是思想促成的。

另外一组人则采取截然相反的观点。对他们来说，关于善恶，什么可以做什么不能做有着绝对的普遍标准。他们不参与关于此事的讨论，因为他们自信他们关于客观道德价值和标准的教条式的断言是无可辩驳的。有时候，他们认为自己是道德多数派，但无论是多数派还是少数派，他们占据了大众中的相当一部分。

这两组之间几乎没有任何真正的争论或者讨论。每一组人都有各自的理由，认为任何解决他们之间的争论的企图都是徒劳的。在一定程度上，两组都是教条式的。如果第一组的人的观点受到批判性的挑战时，他们将无法捍卫自身关于道德价值的主观主义和相对主义的态度。第二组则无法通过理性论证支持对立的观点。它可能会诉诸宗教信仰，但也只能止步于此。

在我更进一步之前，让我确保我们都尽可能清楚地理解主观和相对等术语的含义，同样也理解客观和绝对的含义。

主观意味着这对你、对我、对每个人来说都是不同的。相反，客观是对你、对我、对每个人来说都一样的。

相对意味着随着时间的变化而变化，随着情况的变化而变化。相反，绝对意味着不随时间和环境而产生改变。

一个阵营的人关于道德价值和规定性判断是主观的和相对的，另一阵营的人则持有客观的和绝对的立场。

不仅仅一般人，哲学家在这个问题上也分为两个阵营。本章关注的哲学错误，是基于不同的原因使得道德价值和规定性判断成为主观的和相对的。享乐主义作为这一类型的错误中的一个，其错误在于认为好的就是愉悦的，是既古典又现代的。其余的错误都源于近代。

这些人普遍认为道德价值和规定性判断是主观和相对的，并非由隐藏在他们的观点之下的哲学错误而来。这些错误已经渗入他们的头脑中，只是他们还没有明确地意识到。

那些通常固执己见地持有相反观点的人，同样不知道他们所持有的观点、特征和论点可以被理性地辩护和支持。他们不知道如何通过理性和论证去修正由他们的对手造成的错误。

考虑到心灵中所有的这些，我的建议如下。首先，我将试图阐述享乐主义的错误，这个错误既古典又现代。随后我将转向那个近代思潮中，源于大卫·休谟的那个更基础性的错误。康德试图修正这个错误，但最终归于失败，因为他在对立的方向上走得太远了。

做完这些之后，我将会在接下来的章节中，揭示这些错误的根源所在，尤其是那些起源于近代的错误。最终，我会简要地概述我认为的，道德价值的主观主义和相对主义带来的严重后果，并且修正那个引起它们的重要的哲学错误。

2

享乐主义的流行的和庸俗的版本导致其倡导者成为关于道德价值的主观主义者和相对主义者。将好的看作愉悦的，很容易就会得出结论，认为对一个人来说什么是好的，是因为它给这个人带来了愉悦，而非其他因素。愉悦的经验对于人类来说各有不同，不同个体的感受不同，依据时间和环境的变化而变化。

但是，一旦批判性的问题提出，并做出了区分，享乐主义者的普遍立场就不再站得住脚了。说唯一的好是愉悦，就等于说财富、健康、友谊、知识和智慧不是好的。反过来，这意味着这些东西既不值得追求，也不是事实上人们想要的。因为在某种意义上，无论是可欲的还是渴望的（desired），都是在好的意义上说的。然而事实上，在日常生活中，将每个人唯一可欲的或渴望的东西看作愉悦，这是不可能的。

在《斐莱布篇》（*Philebus*）的对话中，柏拉图反对智者将愉悦与好看作同样的东西。如果一个愉悦与智慧并存的生活比仅仅包含愉悦的生活更加值得追求的话，那么愉悦就不是唯一好的东西。

在《尼可马各伦理学》（*Nicomachean Ethics*）中，亚里士多德以同样的方式来反对欧多克索斯。他写道，快乐伴随着我们的活动，但是对一个有价值的活动来说，恰当的愉悦是好的，而这个恰当的愉悦对没有价值的活动来说则是坏的。

在古代，伊壁鸠鲁和他的追随者们开始大胆地承认享乐与好的是等同的。但是当他们开始描绘美好生活的特征时，他们很快就明白，还有其他的事情也是可欲的，甚至比快乐更加值得追求。他们区分了低级的愉悦和高级的愉悦，在他们看来，比感觉上的愉悦更加可欲的是理智存在带来的愉悦。但为了保持这种区别，伊壁鸠鲁学派必须对好有一个标准，而不仅仅是愉悦本身。

在近代，自认为是享乐主义的代表人物是约翰·斯图尔特·密尔，他是一个效益主义者，认为伊壁鸠鲁和伊壁鸠鲁主义是他的先驱。但是，正如伊壁鸠鲁那样，密尔也没有长久地坚持一种简单的观点，认为只有愉悦才是好的。他也区分了更值得追求和不值得追求的愉悦。

“没有人知道伊壁鸠鲁的生活理论，”密尔写道，“它不赋予理智、情感、想象力和道德情感等以愉悦，更高价值的愉悦不仅仅是这种感官上的。”在一段著名的文章中，他补充道：“宁可做一个不满足的人，也不做一头满足的猪，苏格拉底式的不满足胜过愚蠢的满足。并且如果蠢人或者猪，持有不同的观点，是因为他们只是从各自的立场看问题。而另一派则可以通过比较知道两者的观点。”

这段话出现了两个词，“满足”和“不满足”，这两个词是简单的享乐主义站不住脚的关键所在。一般来说，享乐主义者，同时也是哲学家的，例如伊壁鸠鲁和密尔，我们称他们是享乐主义者，但忽视了两者风格根本的不同。他们的区别在于将感官愉悦看作可欲的对象，与当我们的欲望得到满足时的愉悦之间的区别。

感官愉悦不能被看作好的，因为感官愉悦确定不是我们唯一可欲的东西，也不是我们先于其他事物而追求的东西，我们甚至为了获得其他事物而忍受痛苦。另一方面，无论何时我们的欲望得到满足的经验带来的愉悦（被认为是满足欲望的愉悦）是好的一种衍生品，但并不等同于好的。

让我们将好的看作财富、健康、友谊、知识或者智慧，或者将它看作感官愉悦。当这种或者那种好的东西是可欲的，并且我们成功地获得了可欲的对象，我们就经验到了让我们的欲望得到满足的愉悦。

当伊壁鸠鲁或密尔谈论低级或高级的愉悦时，他们事实上在谈论低级或高级的好的东西，例如，智慧比感官愉悦要高级。获得高级而非低级的好的东西，带来的愉悦或满足感更为强烈，这种愉悦或满足感本身也是一种高级的愉悦或更大的满足。

“愉悦”包含了两种不同的感觉——一种是感官愉悦，另一种是欲望的满足，后者因导致了简单的享乐主义而无法站得住脚。“愉悦”并没有解决道德价值的问题，无论它们是客观的和普遍的，还是主观的和相对的。

密尔谴责个人“尽管完全意识到健康是更大的好，但仍旧追求肉体上的放纵”。但这包含了所有人，还是仅仅是某些人呢？假如有的人可以为了追求感官愉悦而牺牲健康，将前者看作比后者更大的好呢？我们如何推进理性论证来说服他们认为他们是错误的呢——每个人都应该选择健康而非感官愉悦，因为前者是更大的好呢？从规定性意义上来说，这是否应该（ought）是客观且普遍的真理呢？

这些问题我们无法在伊壁鸠鲁和密尔那里找到满意的答案。虽然他们可能被迫靠自己的常识放弃最初的简单的享乐主义。但他们仍然没有走出困境。将好的看作可欲的，而非愉悦，这两种观点都没能摆脱主观主义和相对主义。

为什么？因为个人的欲望不同，所以这个人可欲的东西，不一定是另一个人可欲的东西，此时在特定环境下可欲的东西，可能会随着时间和环境的变化而变化。什么是善恶，也会随着个人的偏好、时间、环境的变化而变化。近代之初，斯宾诺莎就推进了这个观点，任何人渴望的东西看起来（appears）是好的，都是他渴望得到它的结果。无论事实上我们渴望什么，我们都会称之为好的。好的，在斯宾诺莎看来，不是别的，而是那些恰好我们想要的东西的名称。我们认为它是好的，是因为我们想要它们，而不是另外一种方式，即因为它们事实上是好的，所以我们才想要它们。

除非斯宾诺莎可以被证明是错误的，否则将好的看作任何人可欲的，或者是明确地认为是他们渴望的东西的观点，是没有办法逃脱主观主义和相对主义的。因为事实上的渴望或者关于什么是可欲的东西的观点是随着人与人，时间和环境的变化而变化的，关于任何东西是好的或者不好的，仍旧保留了一个主观的、个人偏好性的特征，并且对于时间和环境来说是相对的。

尽管斯宾诺莎，像他之前的伊壁鸠鲁和他之后的密尔一样，都提出了伦理理论，不仅仅是对个人而言，对每个人在所有的环境下来说，都是相对其他东西而言具有更高价值的确定的好的东西，他们也都没有在各自的伦理或道德哲学领域里建立起关于真理的绝对观点，去抗衡他们无法克服的主观主义和相对主义，因为其他东西他们要么说了，要么没能说。

充分的理由可以找到，但我们推迟说明这一点，直到当我们面临道德哲学的有效性和其作为真正知识而非纯粹意见的合法性更为严重攻击的时候。

3

更为严重的攻击最初可以在大卫·休谟在18世纪的《人性论》（*Treatise on Human Nature*）中找到。在其著名的段落中，休谟指出，在他阅读处理道德问题的作品时，惊讶地发现作者常常将关于什么是或者不是现实的东西的断言，转换为什么应该或不应该在人类生活中的断言。然后他接着说：

> 正如这个应该或者不应该表达某种肯定的关系，它有必要被观察和解释；同时应该给出一个似乎完全不可思议的理由，这种新的关系是如何从其他完全不同的东西演绎过来的。我致力于将其推荐给读者，并深信这个小小的关注会颠覆一切庸俗的道德体系。

让我解释一下休谟在这里所说的要点，在这一点上他并非是完全错误的。休谟注意到了描述性的陈述（涉及是什么或者不是什么的断言）和规定性陈述（涉及什么应该或者不应该做的断言）之间的区别，他正确地指出前一种类型的陈述无法给我们提供充分且中肯的理由达成一个由后者这类陈述构成的结论。

即使我们所运用的前提包括了对事实和真实存在的全部知识（全部都是关于事实的真实陈述），我们也不能有效地从这些前提得出一个简单的规定性或者规范性的结论。休谟在指出这一点上是正确的。一个规定性的结论是不能从完全描述性的前提中得出的。

有什么办法可以解决这个问题吗？我们能够找到规范性结论为真的依据吗？如果我们能够找到一种将规定性和描述性前提结合起来作为我们推理结论的基础方法的话，答案是肯定的。然而，休谟并没有，也无法找到解决问题的方法，因为那个失败，他对 20 世纪盛行的对道德哲学的客观真理持有怀疑态度应该负有责任。

怀疑主义在我的心灵中被称为“非认知的伦理学”，这是将伦理学或者道德哲学看作不是真正知识的一个优雅的说法。它仅仅是由意见组成的，表达了我们的好恶、我们的偏好和喜好、我们的愿望或厌恶，甚至包含了我们对其他东西的命令。波特兰·罗素风趣地说道：“伦理学是一种向他人建议他们必须以此种方式与我们相处的艺术。”

非认知伦理学就是由这类纯粹意见构成的，既不真也不假。对任何纯粹意见来说，它们仅仅是关于道德价值和应当如何做的纯粹意见。对于时间和不断变化的环境而言，它们是彻底主观和相对的。

支持非认知伦理学的一个论点源于休谟对于我们关于现实的知识的批判，无论我们拥有多少，也不论它听起来如何，它本身无法通过一个简单的规定性判断建构起真理。然而，这不是唯一的论点。另一个关键之处在于，倾向于将规定性判断从真理的领域清除出去，并将它们置入没有真假之分的纯粹意见领域。

这一点是20世纪的英国哲学家A. J. 艾耶尔和他圈子里的人提出来的。它符合真理的对应理论。当我们的思考与事物的存在方式一致时，我们的心灵中就有了真理。这一理论的古老演绎是，当我们断言那个是什么，它本身就是什么并且断言那个不是什么，它本身就不是什么的时候，我们就持有了真理；当我们断言那个是什么，而它并不是什么，或者断言那个不是什么，但它实际上是什么的时候，我们就遭受了谎言。

这种真理的对应理论，即心灵与现实达成一致，显然只适用于描述性的陈述，即包含了关于什么是什么或者不是什么的断言的陈述。当我们说什么事情应该做或者不应该做的时候，在现实中能够对应什么呢？显然是没有对应的。并且如果唯一的真理类型是那种对应理论所定义的东西，那么规定性陈述显然不能有真假之分。

正是基于心灵中的这一点，艾耶尔写道：

> 如果一句话没有任何陈述，现在去追问这句话表达的是正确的还是错误的是没有意义的。正如我们所见，简单表达道德判断的句子并没有说出任何东西。它们仅仅是对感觉的纯粹表达，并且这样做不属于真理或者谬误的范畴。它们无法得到证实的理由，与疼痛时的一声哭喊和一句命令无法得到证实的理由是一样的，因为它们没有表达真正的论点。

艾耶尔比他证实伦理学是非认知的需要方面走得更远。没有理由说“人类应该追求知识”这句话什么东西也没有断言。事实上这句话是规定性的（一个祈使句）而非描述性的（一个陈述句），这并不能证明艾耶尔否定了这个句子完全没有做出陈述或者断言。

然而，如果唯一类型的真理是由心灵与现实达成一致组成的，那么艾耶尔在否定规定性或者祈使句陈述没有真假之分方面是合理的。因为没有关于事实或真实存在的规范性判断可以统一的事项。

我们现在指出支持这个广泛存在的观点的三个主要理由，无论对于哲学家还是普通人来说，道德价值和规定性判断都是彻底主观的和相对的。

第一个理由是斯宾诺莎对好的认同，它对于个人来说是好的，或者个人认为是好的，或者简单地统统称之为好的，因为对象被认为是好的或者被称作好的显然对于个体来说是可欲的。

第二个理由是休谟对于那些任何试图将一个规定性的结论仅仅建立在他对事实或真实存在的知识之上的批判。正如休谟指出的那样，这点是无法做到的。

第三个理由是由 20 世纪的非认知伦理学的倡导者们指出来的。如果唯一类型的真理只能是从那些符合事物真实存在的方式而得出的描述性结论，那么他们将规范性判断或祈使句的陈述，从有真假之分的领域中排除出去，就是正确的。

关于第一个理由，我们将看到，涉及道德错误可以通过唤起对好的与渴望的之间的关系的注意的方式抹去，这一点比斯宾诺莎的考量要更好。这包含了两种欲望之间的区别，近代哲学家从斯宾诺莎到密尔都没有注意到这一点。

关于第二个理由，我们将会看到，将一个规定性和一个描述性的前提结合起来，使得一个规定性的结论达成一致是可能的。当然，那个规定性的结论必须是不证自明的真理，否则我们就必须为之辩解，但我们无法做到这一点。

关于第三个理由，我们将会看到，还有另一类型的真理，这种真理不是仅仅应用于描述性陈述的真理，而是不涉及心灵与现实达成一致的真理。只有在古代和中世纪，这两种真理才有区别——一是描述性真理，另一种是规定性真理，是可被认知和理解的。几乎所有的近代哲学家都没有意识到这一点。

在接下来的讨论中，我将会解释上述三点产生的难题是如何解决的，从而修正那些导致将道德价值和规范性判断看作主观主义和相对主义的哲学错误。在我这样做之前，我想花一点时间在康德试图避免此类主观主义和相对主义的尝试上，在我看来，康德的尝试归于失败，是因为他在对立的方向上走得太远了。

诚然，一个关于好的与可欲的之间的关系的错误，在某种程度上要为主观主义和相对主义负责。我们知道，价值判断和事实判断之间的关系的错误也应该为此负责。对于规定性判断如何成为真的失败的回答也应该为此负责。

康德之所以在解决这些问题的对立面上走得太远，是因为他试图将道德义务或者责任以规定性或者应然判断的方式表述，这种表述是完全独立于我们的欲望的，并且拒绝涉及任何事实，特别是那些关于人类本性的事实。他的绝对律令是一种规定性的陈述，他将其看作一种我们的理性必须遵守的道德法则，因为这些道德法则是不证自明的真理。

首先，它并不是不证自明的真理。其次，尽管它被奉为金科玉律，但也是一种空洞的建议。说一个人应该做其他人都会做的事情，一个人希望其他人也会对自己这样做，并没有回答关键的问题：什么是一个人恰好希望其他人也像他自己那样做的事情呢？不参考我们的欲望与人类本性的事实等这些康德将其排除出考虑范围的东西，这个问题将无法得到回答。

最后，康德断言唯一真正好的东西是善良意志，善良意志是服从绝对律令并且履行道德义务的意志。然而，当面对现实时，通过一个善良意志去识别什么是好的，违背了众所周知的事实，也就是说与通过感觉愉悦来识别什么是好的没有什么区别。

4

现在我要探讨那个亟待解决的问题的三个关键的部分。但是我不会按照前面几节提出这几个关键部分的顺序进行。相反，我将首先处理适用于规定性判断的特殊类型的真理，然后介绍两种欲望之间的区别，这种区别与真正的好东西和表面看起来好的东西之间的区别相关。这将会为一个且是唯一的作为规定性判断的不证自明的真理的演绎奠定基础。它作为道德哲学必要的第一原则，确保我们可以在规定性和描述性相结合的前提下，得出规定性的结论。

亚里士多德在《尼可马各伦理学》的第六卷中明确指出，他清楚地认识到自己关于描述性真理的特征，与他称为实践性判断（例如，关于行动的规定性或规范性判断）所具有的真理属于不同类型。除了亚里士多德在中世纪的门徒，后来的哲学家都没有注意到他的著作中这个简短但是重要的段落。

在实践性或者规定性判断的情况下，使它们为真的必要条件是符合正当的欲望，而非事物存在的方式，与描述性真理的情况是一致的。那么什么是正当的欲望呢？显然，答案必须是正当的欲望在于寻找我们应该渴望和寻求的东西。那么什么是我们应该渴望的东西呢？答案不能仅仅是好的东西，因为无论我们渴望什么，都有好的一面，而无论我们的渴望是对还是错。

这就给我们带来了对两种类型的欲望的区分——一方面是

先天的（natural）欲望，另一方面是后天习得的（acquired）欲望。我们的先天欲望是我们的本性中固有的东西，因此人类所有成员都具有相同的先天欲望，因为我们具有一样的自然本性。相反，我们每个人后天习得的欲望都是不同的，因为每个人的性格不同，成长环境不同，影响各人发展的条件也不同。

两个英语单词恰当地表达了先天欲望与后天欲望之间的区别。一个是“需要”（need），另一个是“想要”（want）。这些单词内涵，包含了每个人都会意识到的含义，涉及对它们的用法。

无论我们“需要”什么，对我们来说都是好的。没有错误的需要。我们从来不需要任何额外的对我们来说是坏的的东西。需要，是我们天性固有的东西，它们都是正当的欲望。因此我们可以说，规定性判断具有实践性的真理，因为它表达了我们对需要的好的东西的欲望。

与我们的自然需要相反，我们个人想要某物会引导我们去追求那些表面上在特定时间看起来好的东西，但最终这些东西对我们来说却是坏的。我们都知道一些我们后天想要的东西可能是错误的欲望，并且我们经常想要那些对我们来说真正好的东西。符合我们想要的好的东西，作为“想要的”，但仅仅看起来是好的，最终对我们来说可能是真正好的，也可能是坏的。这取决于那些我们想要的东西，是否恰好是我们需要的，或者我们想要的一些东西是否干扰或者减损了那些我们真正需要的东西。

斯宾诺莎曾经说过，“好”是我们赋予那些我们自觉渴望得到的东西的名称。这些对象看起来是好的，仅仅是因为我们非常渴望得到它们。因为一个人后天的欲望或者想要的东西可能与另一个人的不同，那么对不同个体来说，看起来好的东西可能是不同的。

与这些看起来好的东西不同的是，真正好的东西是那些我们所有人先天需要的东西，无论我们是否自觉地将它们看作我们后天想要的对象。有时候，正如在我们的生理需要的情况下，例如饥饿和口渴，对我们需要的好的东西的剥夺，以及随之而来的痛苦使得我们清楚地意识到，我们想要的食物和水也是我们需要的。但是在我们另外一些先天需要的情况下，例如对于知识的需要，对剥夺它带来的痛苦并没有使我们清楚地意识到我们想要那些我们需要的对象。无论我们是否意识到了它，我们需要的东西都是存在的，并且我们真正想要的就是我们需要的东西。

我们现在面临两个区别，这两个区别在近代思想中常常被忽略，即先天的与后天的欲望之间的区别（或者说需要和想要之间的区别）和真正好与看起来好的之间的区别。这些区别能够确保我们规定（state）一个作为道德哲学第一原则的不证自明的真理。我们应该渴望那些对我们来说真正好的东西，而不是别的什么东西。

回忆一下，不证自明的标准是无法思考其对立面的。那些我们真正渴望的东西是对我们来说坏的东西，或者那些对我们来说真正好的东西不是我们渴望的，这都是不可能思考的。对于“真正好的”的理解带有我们“应该渴望的”的规定性表述。我们不能以其他任何方式去理解“应该”与“真正好的”之间的关系。

将这个不证自明的真理看作第一原则，我们就可以解决大卫·休谟提出的难题。将第一原则看作大前提，并加上一个或几个关于事实的描述性真理（在这种情况下，描述性真理是关于人的天性的），我们可以有效地得出一个更进一步描述性真理的结论。

这样的推理一个例子就够了。从一个不证自明的真理开始，意味着我们应该渴望那些对我们来说真正好的东西，并且加上关于人类先天渴望或者需要的知识（等于说知识对我们来说是真正好的）的描述性真理，我们可以得出这个结论，即我们应该追求或者渴望知识。这个结论包含了规定性真理，基于它所规定的符合正当欲望的标准，渴望那些我们先天需要的东西。

上述推理的例证可以通过所有我们的自然欲望或需要，并且产生出一整套正确的规定性判断。当然，为了详尽阐述一种将这样的推理作为核心的道德哲学，有必要提供证据或理由去支持所有人类需要的详细内容，并且也要处理那些由于需要的和想要的东西之间的相似性产生的一系列的难题。但是到目前为止所说的足以解决所有近代思想提出来的问题。没有解决这些问题，近代思想就否认了道德哲学作为真正的知识的地位。

5

所有真正好的东西并不具有同等程度的好。有些可欲的东西要高于其他可欲的东西。具有较少好的程度的东西是有限的，例如感官愉悦和财富，这些东西只有适度才是好的，而非没有限制的。具有较高程度好的东西则是不受限制的，例如知识，我们无法拥有太多。但是无论是低级的还是高级的好的东西，对我们来说都是真正的好的东西，我们对它们有着天然的权利(right)。我们的先天需要是我们自然权利的基础——对这些东西的权利是为了履行我们的道德义务，我们有义务去追求对我们来说真正好的东西，以引导我们过上好的生活。

如果说世界各地所有人，无论何时，还是在何种情况下，自然需求不一样的话，我们就不可能有一个全球性的学说，要求地球上所有的国家都要保护人权。

如果所有的好的东西仅仅是看起来好的，它们之所以是好的唯一的因素是恰好一个人想要它们，我们就不可避免地陷入相对主义和主观主义，这就会导致道德判断仅仅是一种纯粹意见。对于什么是对的或者错的没有一个真理性的把握，我们将被暴露在严苛的教条中，来确保什么是正确的。

修正产生道德判断仅仅是纯粹意见的实践重要性，从而建立起客观的和普遍的道德价值，并给予道德哲学以真正知识的地位是毋庸置疑的。

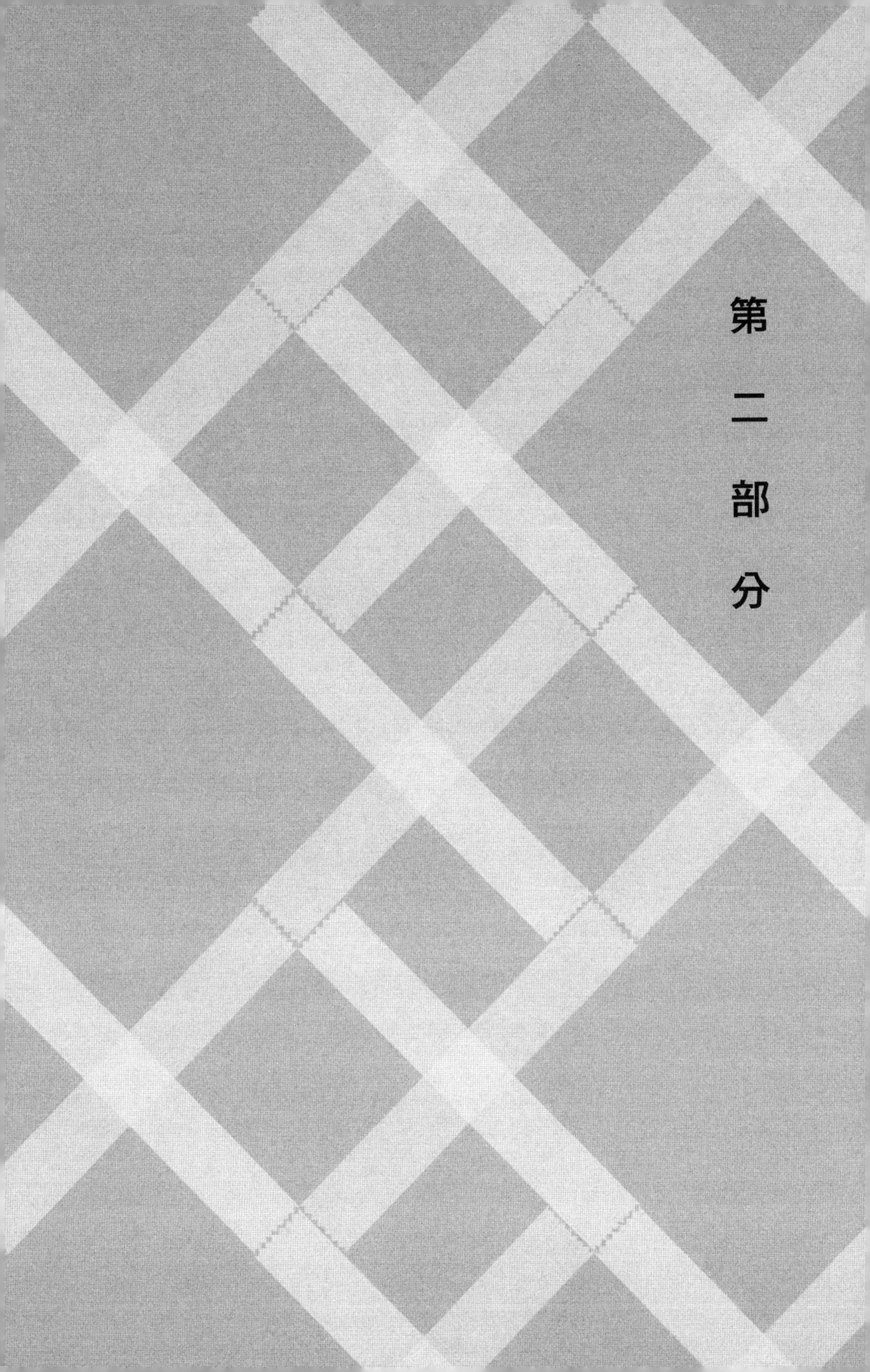

第二部分

第六章

幸福与满足

1

人们普遍赞成这个由大多数近代哲学家制造的错误——将幸福看作一个心理状态而非伦理状态，即道德上美好生活的品质。

没有人可以用立法的方式规定如何使用“幸福”这个词。除非在伦理学而非心理学的意义上使用它，否则它是没有意义的，因为它是我们道德上必须努力奋斗的最终目的。

每个人，不管他们是否犯了上述错误，都承认幸福永远是一个目的，而不是单纯的手段。更重要的是，这是一个最终的或者最后的目的，而不是为了其他的事情。

对于任何其他好处，或者渴望的对象，我们都可以说我们想要它是因为另外一些东西。我们想要财富、健康、自由和知识，因为它们是获取其他比它们更好的东西的手段。但是不可能使用“我们想要变得快乐或者想要幸福，因为……”来作为一句话的开头。

任何其他我们可以叫得出名字的好处，我得到了之后，还会再去追求其他好的东西。每个都是好的东西中的一个，但是幸福不是这些好的东西中的一个。它是完整的善，是所有好的东西的总和，没有为渴望其他东西留下空间。因此，幸福不是最高的善，而是善的总和。

刚才所说的幸福，虽然以不同的方式，被理解为一种心理的和伦理的状态，但是，当“幸福”这个词被赋予了一种伦理而非心理意义时，人们会更好地理解它。幸运的是，有另外一个词恰当地指称了心理状态，因此可以确保“幸福”一词不被用来表达两种不同的含义。

另外一个词就是“满足”，它不能表达满足当下欲望的心理状态之外的任何东西。在一个特定的时刻，他们越是满意，我们就越认为那一刻是非常令人满足的时刻。

2

前面的章节中的区别（对先天欲望和后天欲望的区别，或者需要和想要之间，真正的好的东西和看起来好的东西之间）确保了我们在这里简单地处理将幸福看作满足的心理状态的哲学错误。

如果我们所有的渴望都是想要的，不同人之间想要的东西是不同的，并且如果人类想要的所有的好的东西仅仅是对于这个人看起来是好的，是因为这个人恰好想要它们，这就无可避免地得出这个结论，对于任何一个人来说，幸福是获得那些他或者她想要的东西，并且得到它，享受在那一刻的满足。

对于任何一个人来说，幸福将会是一个短暂的、变化的事情。他会在某一天非常满足，因为他成功地得到了他想要的看起来好的东西。但是接下来的一天他可能会对他想要的东西感到失望，并为无法得到它而感到痛苦。个人的幸福可能每天都会变，很少有能够持续很久时间的。根据个人想要的东西的区别，个人的幸福可能因人而异。能够给一个人带来幸福的东西未必会给另一个人也带来幸福。

这里还有更多的理由反对将幸福看作满足。我认为，没有一个人会质疑守财奴的道德堕落，那是一个病态的个体，他只想住在他积蓄的一堆金子里，情愿牺牲自己的健康、友谊和其他真正的好的东西。

如果幸福只不过是欲望的满足，那么拥有他想要的东西的守财奴无疑是幸福的，尽管从道德标准来看，他应该被视为可怜的生物，缺少大多数人类需要的真正好的东西。将幸福看作满足，那么个人无论道德上是好的还是坏的，都可以实现它。

当人们试图获得他想要的东西时，彼此间会产生冲突。一个人想要过多的财富会导致阻挠另一个人追求他所需要的且想要的财富。一个人想要多于其他人的权力以支配和控制他们的时候，可能会侵犯他人需要且想要的自由。

如果一个公正的政府，应该尽其所能地去帮助和支持人们对幸福的追求，那么当幸福被看作个人获得他们想要的东西之后的满足感的时候，这个任务就无法进行。面对一些相互矛盾的想要的东西，或者某些人想要的东西会阻挠得到他人的想要的东西时，任何政府都不可能为其公民争取成功追求幸福所要求的必要条件。

当幸福被看作满足，它是短暂且变化无常的，人们想要的东西每天都会改变，对欲望的满足也常常会令人感到沮丧，如果幸福如此多变且难以实现，那么没有一个政府可以帮助和支持每一个人去实现他们的幸福，因为个人想要的东西是互相冲突的，这就使得满足他们的想要的东西变得不可能。

所有的东西都呼吁幸福与满足相互分离。这种分离是可能的，并且一旦我们区分了需要的和想要的、真正好的东西和看起来好的东西之后，这种分离就是很好解释的。

幸福可以定义为不断丰富的一生，当每一个人需要的真正好的东西得到了不断的累积，那么通过获得看起来好的东西来满足个人想要的，就会变得没有危害。

因此，对幸福的追求在于努力履行我们的道德义务，去追求那些对于我们来说真正好的东西，而不是别的东西，除非它是那些看起来无害的好的东西，并且不妨碍我们获得我们真正需要的好的东西。

一个公正的政府可以通过保障人们的自然权利去获得真正的好的东西，帮助和支持人们去追求幸福的生活，这些权利是生命权、自由权和无论其他什么一个人需要的，例如健康保障、充足的财富和其他人无法仅仅通过自己的努力获得的真正好的东西。

3

尽管迄今为止所说的一切，都存在着将幸福看作一种心理的和短暂的满足状态的构想错误，除非克服其他困难，否则这个错误将持续存在。

一个困难在于，不只有哲学家，普通人也很难接受一个本质上没有任何乐趣可言的关于幸福的概念。将幸福看作整个人类生活的道德品质是难以令人感到愉悦的。愉悦时时刻刻都在发生，当它发生时，随时随地都是愉快的。但一个人无法在生命中的某个时刻享受到属于他整个生命的品质。只有当一个人的生命完成之后，才有可能说他是否过了一个道德上好的或者坏的生活，即是否实现了幸福。

另一个困难则在于理解幸福作为一个最后的目标或终极目的。对于哲学家和普通人来说，最终目标或终极目的意味着通过努力，人们可以最终达到这个目标或者实现它。当幸福被看作满足的时候，不仅仅意味着它是我们可以享受的某物，也意味着我们可以通过努力，至少在一段时间以内达到这个目的。但是，当将幸福看作我们的整个良善生活时，则不是这样的。

它可能是我们奋斗的最终目的或终极目标，但它不是那些我们活着的时候可以停止奋斗而获得的东西，也不是当它实现了之后，我们可以休息的东西，因为当它实现之后，我们就不再活着了。

我认为，这些通常情况下会因另一个区分而被忽略。这个区分是一个最终的目的和规范性的目标之间的区分。这个区分是约翰·杜威提出的，人们很少意识到他在《人性与行为》(*Human Nature and Conduct*) 一书中否认了生活中有任何最终目标。依据杜威的观点，我们追求的一切都是超越自身利益的手段。因此，没有一个是最终目标或者终极目的，甚至没有被认为是满足的幸福。享受一天或者一个短暂的时刻，会让更多的人在余生中持续奋斗。

为了区分清楚终极目标和规范性目标，需要举出充足的例子。

你计划去维也纳旅行。你决定如何到达那里，并采取行动确保你的决定得到执行。你最终到达了维也纳——你这次旅行的目的地，并且，在某一段时间，你在这段与你相关的旅行中休息。在这个简单的朝向一个目标并采取行动去实现它的案例中，维也纳是一个终极目标，到达那里并在其中休息是一种愉快的经验。

交响乐团的指挥会提前一段时间准备一个特定的曲目在音乐厅里演奏。

他学习了整个曲目。他排练了许多次这个曲目。最终，在音乐会到来的那一天，指挥家所有的前期工作都将对他的演奏产生影响，确保他尽最大的努力带领乐团完成一场高水准的演出。

让我们假设指挥成功了。他追求高水准的音乐的目标达到了，这是一个规范性的而非终极性的目标。它并不存在于演奏乐曲的任意时刻。在能够完成它的意义上，指挥家和乐团从未达到这个目标，因为高水准的目标只是暂时的。它存在于整个时间跨度中，它扮演了这个角色。

规范性的目标是那种只存在于时间整体中，既不是从这一刻到那一刻，也不是任何一个时刻中的目标。在一首乐曲的演奏中，真正的规范性目标与舞台上的戏剧作品的表演、芭蕾舞的表演、任何形式的艺术表演以及体育活动当中的卓越表现是类似的，都是持续一段时间的。

与建筑师和建设者们追求的卓越目标不同的是，当他们完成了他们的作品时，就可以指向一个优秀建筑的存在来作为一个结果。建设完成是一个终极目标，它可以达到、完成，并享受这一给定的时刻。

人们不能说建筑师正在建造的建筑是一座很好的建筑，直到它建造完成并屹立于此。所以，我们不能说足球或棒球比赛是好的比赛，直到终场的哨声响起，最后一场比赛结束。在棒球比赛中，球迷们在第七局中站起来，一个人可能会对另一个人说："这是一场精彩的比赛，是不是呀？"另一个人可能回复道："不，还没有结束，它正在成为一场精彩的比赛，如果在剩下的比赛中，他们表现得跟到目前为止一样好，那么这场比赛在结束时，将会是一场精彩的比赛。"

虽然可以说是老生常谈，但一个道德上好的生活或者良善生活，类似于任何表演艺术或者体育运动的行为。幸福与一个道德上好的生活是一致的，是一个规范性的目标。卓越的目标内在于一个时间整体之中——从出生到死亡的全部生活。

如果一个人在人生的某一节点上被问到，他是否已经获得了幸福，答案应该正如棒球球迷所言："不，还没有，我的人生还没有结束，但是如果接下来的几年与过去的几年一样好的话，我敢说，在我生命的终点即将到来时，我会拥有一个幸福的人生。"

对终极目标来说是正确的东西，与对规范性目标来说是正确的东西，两者是一致的。目标旨在控制一个人决定实现其目标的手段。事实上，一个终极目标可以达到并完成，但一个规范性目标却不能。一个规范性目标，不亚于一个终极目标，决定了我们要想实现它，必须做的事情。

因此，理解幸福是如何作为整个卓越的良善生活，一个好的道德生活，与最终目标发挥作用的方式是一样的，那是一个规范性的，而不是终极性的目标。我们朝这个方向迈出的每一步，都使得我们更加接近它的完全实现，尽管我们从来没有享受过任何完全实现它的时刻。我们选择的每一种方法都是好的或者坏的，因为它倾向于正确的或者错误的方向——朝向或者远离我们所追求的最终目标。伟大的洞见可以在陈述中被发现，正确的引导手段是在完成或实现的过程中的最终目的。

还有一点值得注意。根据约翰·杜威的说法，没有最终目标，每一个目标都是超越自身的手段，我们没有任何道德义务去朝向任何目标中的一个。我们可能承认一种假设的必要性：如果我们希望达到这个特定的目的，那么我们就应该选择这种或那种手段去实现它。

对“如果”和“那么”的理解表明了祈使句的假设性，即规定性判断。只有当目标朝向真正的最终目的（它是一个规范性的而非终极性的目标），我们应该承认一个绝对命令，而非假言命令。

不证自明的原则是，我们应该追求一切对我们来说好的东西，这使得我们具有一种绝对的道德义务。关于它，是没有任何“如果”和“那么”的。我们不能说“如果我希望过上一种道德美好的生活，那么……”，我们都服从一个绝对义务去尝试这样做。

我刚才说过，只有当它是一个规范性目标而非终极目标时，幸福可以是一个此生（in this life）中最终的目标。我在此重申，要注意的事实是，在基督教道德神学中，对于世俗的、终极的幸福并不代表天堂的、永恒的幸福——那些在上帝面前，享受极乐美景的幸福。后者是一个终极目标，而前者不是。

4

关于幸福的另一个错误可以在约翰·斯图尔特·密尔的效益主义中找到。他在两种认知之间摇摆不定，在某些段落中，将幸福看作瞬间的满足，在另一些段落中，将幸福看作一个真正的最终目的，即整个人生当中追求的卓越。他对真正好的东西与看起来好的东西，以及先天需要与后天想要的东西之间的混淆，加深了这个误解。但这不是我现在想要注意的错误。

相反，这个错误在于，他在我们面前设定了两个目标，每一种都被认为是一个最终的或者最后的目标，其中一个目标从属于另一个目标。一方面，密尔提出了一个不证自明的真理，他自己的幸福是一个人应该达到的最后的目的；另一方面，他还提出了我们每一个人都应该为他称作“一般的幸福”（有时候也称作“最大多数人的最大幸福”）而工作。

当两个目标产生任何冲突的时候，后者优先于前者。我们应该以一般的幸福为目标，即使它不为我们个人的幸福而服务。

两个最终目标之间没有彼此约束是不可能的，如果它们是以一个从属于另一个的方式而约束的，那么它们两个都不是最终的目标。

如果密尔知道并且理解了一个人类的共同善（bonum commune hominis，即对于全人类来说相似的或者共同的幸福或者最终善）与共同体的共同善（bonum commune communitatis，有组织的团体，其成员参与其中的共同善）之间的区别，就会避免这个错误。

因为每一个作为人的个体都是一个被服务的目的，而非被利用的手段。有组织的共同体，与它的成员之间的关系则是一种手段，而非目的。个人的幸福是此生一个且唯一的最后目标或最终目的。它是对所有人来说具有相似意义的共同善。

对于作为社会成员的人类来说，共同的且为大家所共享的善（共同体的共同善）是一个服务于有组织的整个共同体的目标。有时候，我们将这种共同善看作一种一般福利。参与到共同善或者一般福利之中，为社会中的个体成员追求自己的幸福提供了手段。通过直接追求共同善或一般福利，一个好的社会和一个正义的政府也会间接地以所有人的共同幸福为目标，这些人组成了社会，并且受到政府的管理。

共同善或一般福利是一个好的社会和一个正义的政府应该追求的唯一的目标。这个目标的实现是服务于社会最终目的的手段——每一个社会成员的幸福或者所有人的一般幸福。

在这里关键的一点是，个人本身无法直接为一般幸福——所有他们生活的社会中其他人的幸福——而工作。他们能够做的就是间接地通过与他人合作，来为政治共同体的共同善或一般福利而工作，这本身是实现每一个人和所有人的幸福的手段。

5

最后，我们要讨论在康德的道德哲学中发现的关于幸福的错误。我在这里想到的并非近代思潮中普遍存在的错误，即将幸福看作对我们欲望的满足的错误，无论那些欲望是什么，只要满足它就好。

康德确实犯了这个错误，因此，他拒绝任何将幸福看作最终目的的道德哲学，幸福在他看来应该是可以被选择的手段，仅仅具有效益主义或者实用主义的功能。在一点上，他轻蔑地写道“效益主义的蜿蜒曲折”。他摒弃了任何涉及手段和目的的效益主义或者实用主义的伦理学，因为它们缺乏一种健全的道德哲学所必需的东西，即道德义务（duty），绝对的，而非假言的道德义务（obligation）。

正如我们已经看到的，他指责一种将幸福恰当地看作一个最终目的的道德哲学，这种道德哲学是没有根基的。它可能适用于将幸福看作满足，但并不适用于将幸福看作一种道德良善的生活——一个规范的，而非终极的目的。当我们认可我们应该去追求对于我们来说真正好的东西这个不证自明的真理的时候，我们就服从了一个追求道德良善生活的卓越的绝对律令。

如果我们放弃了“幸福”这个词，将其换为一个道德良善的生活加以处理，那么我们就能发现在康德的道德哲学中占据主导地位的错误。在古代（柏拉图思想和斯多葛学派的教义），以及其他近代哲学家的著作中，都可以发现这个错误。

因为康德如此明确地指出，一个善的，或正直的意志，通过履行它的道德义务，就可以充分地（suffice）达到一个道德良善生活的目的。在《申辩篇》（*Apology*）中可以找到柏拉图对此事一样的说法，在最后，他通过苏格拉底宣布“在此生或下辈子，一个好人都不会受到伤害”。埃皮克提图和其他罗马斯多葛派人士一遍又一遍地重复道，一个善良意志就可以充分地实现幸福。

这里的错误在于“充分”一词。毫无疑问，拥有道德美德（即拥有一个恰当地指向幸福作为最终目标的意志，并习惯于选择正确的手段来实现它）对于一个道德良善的生活来说是绝对必要（necessary）的。是的，必要，但不是本身就是充分（sufficient）的。其他组成部分，与必要等同但并非充分的，是对好运气的祈祷。

有许多真正好的东西，其中大部分也是外在好的，例如财富、健康的环境、政治自由等，它们不仅仅是最有道德的个人为他或她自己获取的力量。在追求幸福的过程中，获得这些好的东西，取决于那些超出个人可控能力范围的运气环境。

剥夺了这些运气的善，即使是道德上最高尚的人，他的生活也可以被毁掉。他或她可能是一个道德良善的人，仍然遭受了被奴役、贫穷、疾病、失去朋友和亲人的不幸，被剥夺了一个好生活的幸福。作为一个道德良善的人，并不会自动地实现一个道德良善的生活。

亚里士多德总结了他对这一定义幸福的简单句子的批判之处，“整个生活，都与道德美德保持一致，并伴随着占有适度的财富（以及所有其他通过祈祷好运气而得来的外在好的东西)”。我已经把括号里的我想用的东西解释得太简短了。

如果不是这样的话，历史上，我们就不可能有任何理由，通过消除不公平来改善我们的政治和经济制度，去提升我们的生活条件。如果幸福可以仅仅通过道德美德来实现的话，那么为什么还要废除奴隶制，为什么要试图减轻贫困或穷苦，为什么还要关注医疗保障和保护健康，为什么要把选举权扩大到所有人，确保所有人可以实现他们的政治自由，在他们的政府面前敢于发声呢？

这些问题只有一个答案。如果道德美德本身对于实现幸福，过上好的生活来说是充分的，那么历史上发生的政治和经济改革就变得毫无意义。在我的判断中，要说服任何人意识到那个由柏拉图、斯多葛学派、康德和其他近代哲学家所犯的哲学错误的严重性，已经没有什么更多的事情可说了。

第七章
自由选择

1

当人们想到自由时，他们的心灵中倾向于认为自由的存在是不可否认，且从来没有被否认过的。自由也是每个人都拥有的，他人无法完全剥夺一个人的自由。当我们能够按照自己的意愿行事的时候，我们就拥有了自由。在最有利的环境下，我们拥有的最高等级的自由就是免于被压制、约束、胁迫的自由，并且能够有途径去做事情。像压制、强迫这些障碍，限制了我们按照自己的意愿做事情的程度，缺乏能够做事情的途径也是如此。正如 R. H. 托尼所言，穷人是没有在丽兹饭店吃饭的自由的。

然而，没有一个人，甚至包括戴上镣铐的奴隶和单独囚禁的罪犯，也没有完全被剥夺按照自己的意愿行事的自由。在一些细微的事上，他依然可以按照自己的意愿行事。

另一种可描述的（circumstantial）自由是政治自由。这是那些有幸生活在一个共和政体，在宪政制度下，在政府中拥有发言权的公民所拥有的自由。虽然不是全部的人，但至少对一部分人来说，这种自由是不可否认的。但是一些反对的声音指出，这种自由不能对所有人来说都是可欲的，或者每个人都值得拥有它。

剩下的两种自由并不取决于外部环境，而且这两种自由曾经是争议的主题，因为它们的存在曾经被否认过。

其中之一就是能够如一个人所愿，他应得的获取自由（acquired freedom）。只有通过获取道德美德和实践智慧，一个人才能够拥有这样的自由。这是一种摆脱了激情和感官欲望的自由，引导我们去做那些我们不应该做却做了的事情，或者去做那些我们应该做，却没有做的事情。理性与激情相冲突，当理性占据上风，那么我们的意志就能够遵守我们应该遵守的道德法则，或规范的行为准则。

显然，那些否认有任何客观的道德价值，任何有效的应然或规范性规定的人，不仅不能有助于，反而会否认这些道德自由的存在。即使那些肯定它存在的人，也不认为它具有普遍性。每个人，即使是在最不利的环境下，都或多或少地拥有能够按照自己的意愿行动的自由，个人要么具有道德自由，要么没有道德自由，他们能否拥有道德美德和实践智慧就取决于此。

最后，我们剩下第四种自由，这是几个世纪以来争论最广泛和最复杂的主题。许多哲学家和科学家承认它的存在，但也有同样多的哲学家和科学家否认它的存在，这些人大部分都是近代的。

对于那些肯定它存在的人来说，他们认为这种自由内在于人类本性（human nature），因此人们普遍地拥有这种自由。它是一种先天的自由，既不受环境影响，也不依赖于后天的发展。

这种先天的自由是意志在选择行为中的自由。选择的自由在于总是能够选择，无论一个人具体选择了什么。与能够按照自己的意愿行事的自由相比，选择的自由可以被描述为遵照自己的意愿的自由。

当我们宣布自由是一项人的先天权利，我们必须在心灵中呈现两种可描述的自由——按照一个人的意愿行事的自由（在正义法律的限制下）和与公民身份和选举相关的政治自由。一个人拥有道德自由的权利只能通过获取美德和智慧来实现，或者一个自由选择的权利，如果它确实存在，它就是所有人都拥有的先天禀赋，这些说法都是毫无意义的。

然而，除非选择的自由确实存在，否则很难理解那些其他自由的权利基础。如果我们没有选择的自由，那么我们为什么有按照自己意愿行事的权利或者在我们自己的政府中行使发言权呢？

这些考量，还有其他的一些我们随后讨论的问题，引起了关于选择的自由是否存在的争论，并产生了深远的影响。

2

这一章与前几章不同。前几章我们处理的错误的哲学观点，都是可以指出来，并能够对其错误或不足之处加以修正的，但在这里不能这样做。

了解了这场争论的来龙去脉，我不能证明自由选择的支持者是正确的，反对自由选择的决定论者是错误的。这里的哲学缺陷，与其说是一个可论证的哲学错误，不如说是对这个问题本身的误解。

造成这个误解的主要责任在近代那些属于决定论者的哲学

家和科学家这一边。我这里说的不是他们否认选择的自由是一个可以被证明的错误，而是他们没有正确地理解他们否认的东西——确认选择自由的前提。

在 19 世纪终结之前，决定论者认为自然界所有的现象都受因果律支配，通过那些引起必然结果的原因而运作。任何事情的发生都不是偶然的，即不将一个偶然事件看作无缘无故（uncaused）的。在他们看来，本质上不可预测的自由选择就像一个偶然事件，因此不可能在自然领域内发生。虽然自由选择和偶然事件的确都是不可预测的，但两者都不是无缘无故的。

从 19 世纪末开始，一直到我们这个时代变得越来越重要，科学在因果律中增加了统计定律或者概率公式，并且这样做是为了把不确定的方面引入自然现象领域。

然而，这种不确定性并没有减少原因缺失的偶然事件。少数哲学家和身为诺贝尔奖得主的科学家提出这样的假设，即这种不确定性可能在自然界的范围内，为自由选择腾挪出空间。但更加冷静的心灵正确地驳斥了这种假设。某些确定的科学运算中涉及了因果不确定性，尤其是在量子力学中。这些因果不确定性与选择自由所涉及的因果不确定性之间，是没有任何相似之处的。

基于上述理由，否定选择的自由的决定论者没有理解的是，自由选择的支持者将意志的行为放置在了科学研究的物理现象的范围之外。如果他们关于选择的自由理论认为它是一个物理事件，就像我们的感觉的行动和我们激情的运作是物理事件一样，那么他们将不得不接受决定论者的论点，将其看作否认自由选择的充分理由。

但它们两个不是一回事。意志，正如他们设想的那样，是一种理智的而非感觉的、嗜好或者欲望决定的能力。在他们看来，人类心灵是由理智和意志组成的，这与感觉、记忆、想象和激情有着非常大的区别。后者的运作可能与物理世界里的其他现象一样，受到相似的原则和规律的支配。但是理智和意志，是非物质的存在，并不是按照这些原则或规律运作的。它们受到自己的规律支配。

理智起作用的方式要么是必然的，要么是武断的。当它们作为真正的知识起作用时，它们是必然的，因为理智既不能对不证自明的真理说不，也不能对任何有证据和理由支持的命题说不，这些证据和理由使它超越了合理的怀疑，或使它凌驾于一切对立的意见之上。

在上述情况下，所有的判断都是必然的。只有当它面对没有证据和理由支持的纯粹意见的时候，它的判断才是武断的——理智起作用的方式，受到意志自由选择部分的影响，而非受到先于它的真理的影响。在这两种情况下，理智发挥作用既不是没有原因的，也不是一个偶然事件。

正如理智发挥作用的方式，意志的某些行为也是必然的，有些行为则涉及选择的自由。意志必然性的唯一的对象是彻底的或完满的善（good）。彻底的或完满的善的存在，是意志无法回避的，它也不会做任何其他的事情。因此，当幸福被理解为共同善的时候（totum bonum），它必然会吸引意志。我们无法不去追求幸福。作为我们终极目的的，追求幸福的意志，并非无缘无故的行为。

所有其他善都是不完满（partial）的善，每一个都是其他善中的一个善。当这些善作为欲望的对象而存在的时候，意志不是必然的，而是它具有自由选择的另一种说法，因为这是它选择了这一个而非另一个不完满的善。意志的这部分不确定性，与在量子力学中发现的因果不确定性之间是完全不同的。但是在这两种情况下，因果不确定性并没有减少偶然——彻底地否认因果联系。

意志自由和选择自由的理论是多种多样、结构复杂的。我不假装认为前面简单提到的要点对它们的多样性和复杂性来说是恰当的。然而，我确实主张，在所有这些观点中，对选择自由的肯定都基于以下几点——意志非物质性；由原因引起的它发挥作用的方式，与物理现象领域原因运作之间的差别；以及在上述所有的例子中，引起不确定性的意志，并没有减损对一个偶然事件的自由选择。①

依据决定论者的观点，偶然发生的事情是完全不可预测的。然而对他们来说，没有事情是完全不可预测的，因此就没有事情是偶然发生的。尽管在量子现象领域中的因果不确定性事件，和自由选择的因果不确定行为在本质上都是不可预测的（在不能以恰当的原因对产生结果的必要性的确定性，进行预测的意义上），但它们并非完全不可预测。这两种情况下，都有不同程度的预测概率。可能预测（probable prediction）的可能性（possiblity），驳斥了对这种偶然事件的不确定性的认同。

决定论者对选择的自由所包含内容的误解，使得关于这个问题的历史争论成为虚幻的争论。这些情况不是连续的。

---

① 经过 8 年的努力，哲学研究所在 1958 年和 1961 年出版了两卷的《自由思想》。在这 300 多页的（223~525）的第二卷中，我们致力于描述和澄清决定论者与自由意志和选择自由的倡导者之间的争论。那些希望超出这里给出的简短和不充分的总结的读者，可以去参考这些内容。

决定论者并不反对确定自由选择所依据的前提是真理，而是拒绝将自由选择看作它不是什么（例如，偶然发生的）和是那些如果不是偶然的，就不能在物理现象界发生的事情。他们将物理现象界看作全部的真实世界。

自由选择的倡导者不会为他们论证自由选择前提的断言而争论。他们也没有成功地指出物理现象领域不是全部的真实世界，或者在非物质现象界运行的因果关系，与物理世界中运行的因果关系之间有什么不同。他们唯一清楚和正确坚持的是，他们认可的选择的自由并非是由偶然确定的。这是决定论者固执地忽略的一件事。

尽管双方未能达成共识，但在理解方面主要的失败在于决定论者这一方。

3

自由选择的拥趸者和决定论者之间的分歧超出了对自由的否定或肯定。它还涉及这些问题，例如是否道德义务、惩戒、奖励与惩罚的正义，都基于人们拥有自由选择。

大卫·休谟是最先认定自由选择不过是纯粹偶然的，他断定道德义务与自由选择是不相容的。一个人基于偶然因素做了什么，他无须为此行为负责，也不能因此受到表扬或责备，奖励或惩罚。当然，休谟的错误在于用偶然来论证自由选择。

晚近以来的决定论者分为两个流派，分别是温和决定论者和极端决定论者。温和决定论者认为能够按照自己的意愿行事的自由，为行使这些自由的主体负有的道德义务，提供了充分的理由。基于他们的行为，他们是可以受到表扬或责备，奖励或惩罚的，甚至当他们别无选择时，也是如此，因为他们也可以不做出选择。

他们是由他们过去的一切决定的，他们做过的每件事都塑造了他们自己，像他们过去那样行动。然而，他们的行为是他们自己的行为，由此塑造了他们，因此他们可以为此负责。

极端决定论者不同意这个说法。他们否认选择的自由，同时他们也承认，没有选择的自由，任何人都不应该在道德上为自己所做的事情承担责任。没有人应该受到表扬或责备，奖励或惩罚。

为了反对温和的决定论者，选择的自由的拥趸者认为，这种自由对于道德生活的各个方面都是不可或缺的。一个人怎么能对自己无法回避的选择而呈现出来的结果负责任呢——是因为造成这个结果是他现在做出的决定，而这个决定源于他所有的过去吗？为什么一个人要因为无法自由选择的行为而受到表扬或责备，奖励或惩罚？如果他做出了其他选择，这些行为可能会带来不同的结果。

对犯罪行为的惩罚可能具有一定的实用主义或功利主义的正当性。它有助于改造罪犯和阻止他人犯同样的罪行，从而保护社会在未来免于这种伤害。但是，如果罪犯不为他所做出的行为承担道德上的责任，因为这不是他个人的自由选择，那么怎么能够惩罚他呢？

这些方面在我看来，自由选择的拥趸者的立场比温和决定论者的立场更为坚定。还有其他方面的因素需要加以考量。

首先需要考量的是，那些把道德价值和规范性判断看作纯粹意见的人，和那些将道德哲学看作真正知识的人之间的问题。如果后者的观点占上风，道德美德——意志的习惯性趋势会指向正确的目的，并且意志的习惯性安排，会选择实现这个目标的正确的手段，是追求幸福不可缺少的组成部分（是必要的，但不是充分的）。

如果形成这种习惯性趋势和安排的行为不是个体在获得美德的过程中自由选择的行为，那么道德美德又有什么价值呢？

具有邪恶道德品性的人与一个道德上正直的人形成其品性的方式没有什么不同——其行为都是完全被决定的，自由选择也不可能产生例外。

另一个考量的问题涉及了科学与哲学之间的争议——关于什么是真，什么是假，什么或多或少是真的等严肃议题的争议。如果不能通过更好的证据和更好的理由来解决这些争议，那么这些争议将会有多大呢？

当然，如果更好的证据和更好的理由对于问题当事者的理智来说不是必然的，那么这些争议就无法得到解决。这种必然性不同于一个具有因果联系的科学的或者哲学的判断，这些判断是由科学家或哲学家依据过去的因素做出的判断。

第八章
人类本性

1

现在人们普遍接受了智人（homo sapiens）的存在要比我们曾经认为的更为古老，在大约 35 000 年到 50 000 年前就出现在原始人类家族中了。人们还普遍地认为，现在活着的所有人类，包括从智人首次出现在地球上以来的存在过的所有人，都是同一个物种的成员。

然而，在 20 世纪，依照人们都参与了相同的特殊本性的特点，所有人类的相同本性都广泛地受到了挑战。这个挑战来自文化人类学家、社会学家、其他行为科学家，甚至来自历史学家。

这个挑战等于否定了人的本性，根源于一个深刻的错误，但这个错误从初始来说不是一个哲学错误。然而，应该补充的是，哲学家们并没有刻意去纠正这个错误，而且它已经成为一些哲学家——存在主义者——思想中的根本错误。例如，梅洛·庞蒂曾宣称：“人类的本性就是没有本性。”我刚才说过，否认人类本性是一个深刻的错误，它给哲学带来了极其严重的后果，特别是道德哲学。为了理解这一点，我们只需要回顾第五章关于道德价值的讨论。在那里我们看到，后天欲望与先天欲望，即人性固有的需要之间的区别，导致了看起来好的和真正好的东西之间的区别，它反过来又帮助人们确立了规定性判断的真实性，并为我们理解自然权利、人权奠定了基础。

如果道德哲学要有一个合理的事实基础的话，那就应该在人的本性之中，而非他处才能找到。如果这个基础被对人性的否定而否定，那么唯一可替代的选择就是康德极端的理性主义，这种理性主义是在不考虑人类生活事实的情况下推进的，并且也不关注道德规范的践行的途径是灵活而非呆板的。

在这一点上，读者可能要求我暂停并做进一步的解释。否认人性可能意味着什么呢？我们都是人，不是吗？如果这种情况真的发生了，那么任何人都会对被检验的样本是否是人类而存疑，这是极其罕见的情况。

既然如此，那些我们用来确认我们是否在与一个人打交道的标准，难道不正意味着我们对所有属于人类成员的特征，有着某些共同的理解吗？这些共同特征构成了所有人类成员相同的本性。这就是我们所说的人性，难道不是这样吗？

2

我现在尝试解释一下是什么导致了对人性的否定。

首先，考虑一下其他动物族群。如果你仔细地观察它们中的任何一个，你就会发现同一族群中的成员都以它们的自然习性的方式生活，显示出了非常明显的相似性。你可能会发现个体与个体之间有大小、体重、身形或者肤色上的不同。你可能甚至会发现到处都有作为那个族群正常的行为上的偏差。但是，大体上，你会对所审查的族群中的相似之处留下深刻的印象。

族群中所有成员的相似性会使你忽略那些微不足道的差异，其中大多数的差异都可以解释为不同的环境条件造成的结果。这种主要的相似性就形成了族群的本性。

现在考虑人类族群。人类栖息在地球上。人类成员在最广泛的不同的环境条件下，生活在世界各地。让我们假设你有时间去拜访所有人类，无论他们在哪里生活。并且假设这次访问不是偶然的一次，而是你与他们生活一段时间，近距离地研究。

你对人类的研究，会得出一个与属于一个或另一个动物族群的成员的调查完全相反的印象。你会对动物族群中具有压倒性的相似性印象深刻。但是，你会发现对人类的研究，其差异性才是主要的，而非相似性。

当然，人类和动物一样，需要吃喝睡眠。他们具有特定的相同的生物习性。他们也毫无疑问地具有动物性的本性。但是，当你观察他们的人类特征，你就会发现如此多的不同。

他们使用的语言不同，而且你很难搞清楚你发现的多种多样不同的语言的准确数量。

他们的衣着、服饰、饮食、风俗习惯、家庭组织、社会制度、信仰、行为模式、思维方式等，几乎他们生活中的每一样事情都是不同的。这些差异是如此多种多样，以至除非特别注意，你可能会被说服他们不是同一物种的成员。

无论如何，你不可避免地被说服，在人类中，同一族群的成员并不具有那种你在其他动物族群中发现的，占主导地位的相似性。相反，一个民族与另一个民族之间，一个种族与另一个种族之间，一个伦理族群与另一个族群之间，一个国家与另一个国家之间，其差异性都是占据主导地位的。

正是因为这个原因，你可能会得出这样的结论：不存在一种具有确定不变的，属于动物物种天性意义上的人类本性。即使你自己没有得出这样的结论，你也可能会理解这种结论是如何可能的。

不像大多数的其他动物物种，人类物种的成员会形成分化自身的各种亚群体，这些亚群体之间各不相同。每个群体都有自己鲜明的特征。不同群体之间的差别是如此巨大而深远，以至你无法说出，如果还有什么，可能被看作对所有人来说共同的东西。

让我确信，对人性的否定最终取决于其他动物物种成员之间是相似性占据主导地位，而人类物种群体之间则是差异性占据主导地位。如果一种特定的本性对这个物种所有的人员来说是共同的，那么其他动物族群毫无疑问具有各自特定的本性。但人类物种似乎没有这样的特定本性。

即使我们承认，正如我们必须承认的那样，所有的人类成员都具有某些共同的特征，主要是他们与其他高等动物共有的生物学的属性或特征，这些从属于人类亚群体之间的行为差异。这些群体并不共享相同的行为属性和特征，他们在这些方面是彼此不同的。

3

从某种角度看，否认人有本性是正确的。人类物种的成员的确没有其他动物物种成员那种意义上的一种特定的或者共同的本性。顺便说一句，这是人与其他动物最显著的区别之一，它倾向于证实这样的结论，即人与其他动物物种之间的是种类的不同，而不是程度上的不同。

但是承认人类物种的成员没有其他动物物种成员意义上的一种特定的或共同的本性，并不意味着承认他们没有其他意义上的本性。另一种选择还是敞开的，即人类物种成员都具有一个非常不同意义上的相同的本性。

那么在什么意义上具有一种人的本性呢？什么特定的性质，对物种的所有成员来说都是共同的呢？答案可以用一个词来表述：潜能（potentialities）。人类的本性是由所有潜能构成的，这种潜能是人类物种所有的成员共有的，特定属于该物种的特征。

一种潜能的本质可以通过多种多样的途径现实化。因此，举例来说，人类依照语法说话的潜能是在成千上万种不同的人类语言中得以实现的。有了这种潜能，婴儿在出生时就被置于某个人类亚群体中，每个亚群体都有自己的语言，婴儿就可以学会说所在亚群体的语言。与所有人类婴儿在出生时所具有的学习和说任何人类语言的潜能相比，人类语言之间的差异都是肤浅的。

刚才说的关于一个人的潜能的内容也适用于其他所有人，这些潜能具有共同的、特定的特征。由于实现相同潜能有许多不同的方法，每种方法都隐藏了人类亚群体之间的差异。认识到这一点，就等于承认了区分一个人类亚群体与另一个人类亚群体之间的差异是肤浅的，而将所有人类作为同一物种的成员，团结在一起的相同之处就是具有相同的特定本性。

在其他动物物种中，联合成员并构成其共同性质的相似性不是潜能，而是相当确定的特征、行为和生理结构。这解释了研究其他物种得出的印象，即其成员之间的相似性占据主导地位的印象。

现在转向人类，得出的相反的印象，即人类亚群体之间占据主导的是差异性，也就可以得到解释了。这个解释源于这样的现实，就相关的行为特征而言，所有亚群体的共同本性都是由全部的群体特定的潜能构成的。我们对人类进行全球研究时发现，所有的不同亚群体以不同方式实现这些潜能。

行为科学、社会生物学的一项新的研究试图表明，在很大程度上动物和人的行为是由基因决定的。就目前关于人类物种的研究而言，社会生物学认为，基因只决定人类潜能，而不影响人类的行为发展是不正确的。

文化人类学家、社会学家和其他行为科学家在否认人类本性存在的时候所犯的错误，根源在于他们未能理解人类物种的特定本质与其他动物物种之间存在着根本的差异。

让我再重复一遍这个区别是什么。对于其他动物物种，该物种所有成员共有的特定本质，主要由相当确定的特征或者属性构成。对人类而言，则是由可以确定的、不完全确定的特征或者属性构成。一种天生的潜能就是那种可以确定的、不完全确定的，并且以各种各样的方式确定的东西。

人类在很大程度上是一个自我创制（self-made）的生物。在出生之时就被赋予了各种各样的潜能，他通过自己养成的习惯，来决定在多大程度上，通过自由选择来发展自己的那些潜能，从而使自己成为什么样的人。

因此，人类分化为不同的亚群体开始出现。一旦这些亚群体出现，就会影响那些出生在这些亚群体中的人，如何去发展后天获得的特征，从而将一个亚群体与另一个亚群体区分开来。

这些后天习得的特征，尤其是行为特征是文化适应的结果；或者更一般地说，是出生于这个或者那个亚群体中的人受到不同教育方式的结果。

在上述意义上，没有其他动物物种是自我创制的生物。相反，其他动物具有决定性的本性，即基因决定的先天本性，基因决定的先天本性使得它们在成熟时，无法具有各种各样不同的发展。

人类本性也是由基因决定的。但是，因为遗传决定在行为上，由以不同方式确定的潜能的先天禀赋构成，所以人类在成熟时彼此之间存在着显著的区别。

然而，从这些初始差异到教养上的差异，大部分都是文化适应上的差异。把本性与教养混淆起来，是一个第一顺位的哲学错误。该哲学错误构成了否认人类本性的基础。当代哲学家应该在行为科学领域，向他们的学术同行指出这一点。而持续存在的对自然本性的否认，则表明他们似乎没有做到这一点。

4

因为修正这个哲学错误会带来一系列的后果，因此这样做是十分必要的。

最重要的是克服持久的偏见——种族主义、性别歧视、精英主义，甚至是种族偏见，这些都是认为人类的一部分或者某一亚群体在本性上比另一群体要低劣的观点。劣势可能存在，但是这些劣势不是因为本性，而是教养。

在有记载历史的大多数世纪中，占据半数的女性被教养到认为她们比男性要劣势，这种教养使得她们在成熟时明显处于劣势。如果正确地把这种劣势归咎于对她们的教养，就会立即明确如何去消除这种劣势。但如果当她们在出生时，这种劣势就错误地归咎为是她们的本性的话，这种局面就无法挽救。

我刚才所说的关于男女不平等的性别歧视，也适用于人类中那些人与人之间不平等的，仍然存在的所有的种族主义和种族偏见。所有的这些不平等都是教养的结果。一个人类群体与另一个群体之间，没有任何本性上的不平等。

在这个世纪之前的几个世纪，有产阶级关于工人阶级劣势的精英主义观点，也同样建立在对那些从小没有上过学，经常一天工作 14 小时和一周工作 7 天的人的教养严重不足的基础之上。

托马斯·杰斐逊正确地宣称所有的人类生而平等（如果你

愿意，也可以说是先天平等的)。就其个体差异而言，人们只是在不同程度上的不平等，但他们拥有的特定潜能，对所有人来说都是相同的。

这些个体上的不平等，当它们被看作从属于所有人类的共同人性或特定性质上的基本平等时，就不会产生必须克服或消除的困难，以便增加社会正义。但是，当完全由教养而导致的人类亚群体之间的不平等，被理解为先天本性的不平等时，为了实现社会正义，就必须克服和消除这个错误。

纠正这种把本性与教养混为一谈的错误得出的一些结论，会令许多读者感到不安。与将人类成员团结在一起的根本的共同人性相比，将一个人类亚群体与另一个群体区分开来的所有的文化和教养上的差异，都是肤浅的。

尽管我们的相似性比我们之间的差异性更加重要，但是我们有着根深蒂固的倾向，去强调那些使我们分裂的差异性，而非强调那些使我们团结一致的相似性。我们发现很难相信人的心灵在任何地方都是一样的。因为我们没有意识到，在多种多样的文化中教养出来的，无论是西方人的心灵还是东方人的心灵之间的差异，无论多么明显，归根到底都是教养的结果。

如果一个世界文化共同体得以存在，它将会建立在尊重所有人类生活中偶然发生的事情——例如烹饪、服饰、礼仪、习俗等方面的基础上，保持文化多元性和多样性。在这些方面，不同的人类亚群体之间都是不同的，这些不同都基于该群体对其成员的教养。

相比之下，将所有人类凝聚在一个独立的文化共同体当中的共同因素，涉及诸如科学和哲学中的真理、道德价值观和人权、人类对自己的理解和人类心灵中至善的智慧等要素。当这个世界共同体产生时，我们最终将克服一种教养上的错觉，即认为有一个西方心灵和一个东方心灵、一个欧洲心灵和一个非洲心灵，或者一个文明心灵和一个原始心灵。只有唯一的一个人类心灵，它对所有人来说是唯一且相同的。

第九章
人类社会

1

人类固有的，也是先天的潜能之一，就是与同伴交往。人在本质上是社会动物，需要生活在社会中。

另一个固有的潜能就是参与治理的能力，并且这也产生了一种先天的倾向和一种自然的需要。

其他动物是群居的，形成复杂的社会，例如群居的昆虫（蜜蜂、黄蜂、蚂蚁、白蚁），或者以某种方式聚在一起，例如狼群和鱼群那样。人类在两个方面与此不同。一方面是人类形成社会的方式；另一方面是在所有的群居动物中，人是唯一的政治动物：一种法律创制的（law-making）动物，一种形成一个文明社会，一个国家或政治共同体，并且建立政治制度的动物。

人类的社会生活和其他群居动物之间还有一个显著的区别。人类以各种方式共同生活，彼此交往：他们生活在家庭中，他们生活在部落或社区中，他们生活在国家或者公民社会中。除此之外，他们还结成许多有组织的亚群体来服务于一个或另一个目的。在任何其他种类的群居动物中没有这么多种多样的结合方式。

如果说人类的群居行为与其他群居动物的行为完全一致，受到同样的因素控制，以同样的方式运作，显然是违背大部分明显事实的。然而，我们无法避免地面临这些问题，即承认只有某些动物天生就是群居动物或社会性的动物。

人类和其他群居动物的共同之处在于都天生具有群居性——结社的倾向是他们生来就有的。但是，天生具有群居性的这个“天生”是同一个意义上的吗？

如果仔细关注精心组织的群居昆虫的蜂巢、领地或土丘就会发现，一个特定物种的昆虫，其组织模式和计划是完全一样的，会一代又一代地持续下去。这种特定物种的昆虫成员之间相互联系的方式、它们的社会组织结构、它们的社会行为模式都是由赋予这种物种的本能决定的。

对于群居昆虫来说，一个显而易见的事实是它们是平等的。高等的群居动物的社会群体和行为，也同样如此，尽管可能不是那么明显。它们的合群性是先天的，只要某一物种能够一直持续下去，它们的群居性就是在基因决定的意义上的“天生的”，并且会一代又一代地存续下去。

在前面的章节中，我们已经注意到，与所有其他动物物种形成鲜明对比的是，人类物种的成员分成了许多亚群体，其特点是具有最广泛的各种各样的特征或属性。正是这一事实导致了对人类共同存在的本性的怀疑和否定。

同样的事实也引发了一个对人类社会自然性（naturalness）的质疑。无论在世界上的哪里，都能发现人类生活在家庭、部落组织、公民社会或国家中。那些家庭社会、部落或村庄，以及那些公民社会或国家以最广泛的、各种各样的方式构成、组织和运作。

因此，他们的合群性很难是由基因决定的天然禀赋。如果是这样的话，他们的组织方式必须是一样的，因为任何天然禀赋都以完全相同的方式存在于特定物种的每个人员当中。

如果人类社会不是起源于自然的，那么它们是如何形成的呢？通常的答案是：习俗，或者换句话说，由个人自愿为此目的而形成的组织。这无疑是许多组织形成的方式——俱乐部、医院、大学、商业或者专业协会、公司、企业等。它们都是由相关方通过订立契约，自愿设立、组织和形成的。

然而，在古代和中世纪，人类组织形成的方式主要有三种——家庭、部落或村庄、公民社会或国家，都被视为自然的。只有在近代，从托马斯·霍布斯的《利维坦》开始，并在让－雅克·卢梭的《社会契约论》中达到顶峰，公民社会或国家被断言为完全约定的，在任何意义上都不可能像人类家庭或者其他群居性动物的组织那样，是自然形成的。

2

近代哲学中关于社会的最主要的错误就是，在社会契约论中发现的，将国家和公民社会看作约定的这个错误。它取决于两个杜撰的东西。一个是被称为“自然状态”的杜撰。当霍布斯、洛克或者卢梭等人在他们那些稍微不同的关于公民社会起源的表述中使用这个短语的时候，它表示的是人类生活在地球上的一种状态。在这个状态中，个人彼此孤立地生活，并且是完全自治（autonomy）的。

所谓的“自然状态”完全是杜撰的，从来没有在地球上存在过。需要向每个人都表明的是，鉴于无可争辩的事实，即如果没有家庭保护那些无法照顾自己的婴儿的话，人类就无法生存。

第二个杜撰与第一个是分不开的，它是一个虚构的，人类不满足于生活在自然状态下的不稳定和残酷，决定不再忍受，并同意了某些特定的契约和规则，在一些政府形式下生活在一起，取代无政府状态，消除了他们的独立和自治。

在现代社会契约论的三大代表中，卢梭至少承认没有关于社会契约和自然状态的历史现实，而只是构成一个假说来解释市民社会是如何形成的。如果这个假设对于解释的目的来说是必要的话，这可能会削弱理论。但并非如此，在不借助任何此类社会契约和自然状态的杜撰的前提下，国家的起源也可以得到令人满意的解释。其中存在需要纠正的哲学错误。

3

对错误的纠正转向对一个区别的认识。这个区别就是在国家或公民社会的自然产生和约定产生之间，并非一个表面上的分离——“并非非此即彼，而是两者皆非”。

如果说一个组织形式是自然的，那么它只有群居昆虫在其特定物种特有的遗传决定的本能禀赋意义上是自然的；如果说是一个组织约定的，那么它只有在结社人自愿签订契约的私营公司或交易的意义上是约定的。这样一来，就没有任何形式的组织可以既是自然的又是约定的。组织形式必须只是其中的一种。

现代社会契约理论的拥趸者都知道，历史上，人们并不总是生活在公民社会或者国家当中。他们也知道当公民社会或国家的确存在的时候，它们也并非是以相同的方式构成的。因此他们不能把国家看作自然的，即国家不是本能禀赋的结果。正如他们看到的那样，唯一的选择就是把国家看作纯粹约定的，在任何意义上都不是自然的。

这里错误的根源在于没有识别出“自然”一词的两个不同的意义。其中一个意义指的是，一个组织不能既是自然的又是约定的；另一个意义则是说，组织可以既是自然的又是约定的。

“自然”这个词的另一个意义在古代是被承认的。一个政治哲学家，例如亚里士多德，认为把国家或政治共同体同时表述为自然的和约定的是没有问题的。

近代社会契约论的三大主要代表人物中，卢梭本人也认识到国家既可以是自然的，又可以是约定的。但遗憾的是，卢梭的这种认识是潜在的，他从来没有明确地将其表述出来。卢梭从未放弃用杜撰的自然状态和社会契约去解释公民社会的诞生。

上面提到的潜在的认识在卢梭以下的作品中可以找到。《社会契约论》的第一卷第二章中，卢梭写道：

> 在所有各种各样的社会中，最古老而又唯一是自然形成的社会，是家庭，孩子只有在他们需要父亲养育他们的时候，才依附于他们的父亲，而一旦这种需要没有了，他们之间的自然联系便宣告解体。

因此，人们认为家庭是自然的，是因为存在着对家庭的自然需要，而不是因为人类基因决定的本能要求建立相对永久性的家庭群体。

这些家庭社会是出于需要才是自然的，而不是出于本能才是自然的。依照人类家庭以多种不同方式组织起来的事实，这一点是显而易见的。如果家庭是本能决定的，而不是自愿的和自由选择的，家庭就不会如此。因此人类家庭既是自然的，也是约定的。

在第一卷的第六章，以《论社会公约》为题的部分，卢梭以下面一段话作为开始：

> 我认为人类曾经达到过这样一种境地：在自然状态下危及他们生存的障碍之大，已经超过了每一个人为了在这种状态下继续生存所能运用的力量，因此，这种原始状态已经不可能再继续存在。人类如果不改变其生存方式，就会灭亡。

那么，为什么人类会背离假想的或杜撰的自然状态（这种状态可能从来没有真正存在过，因为人类至少都生活在家庭中）？并非天生的本能驱使人们这样做的，而是被一种自然需要所驱使，就像人们基于自然需要生活在家庭当中。公民社会在此意义上，与家庭的自然是一致的。

但是自然的需要是一样的吗？并非如此，对于小的家庭社会，或者孤立的家庭，以及部落和村庄中的血缘家庭扩大组成的社会来说，仅仅为了保存人类生命这个理由就足够了。一个家庭成员的劳动力或者一个部落的人口，提供了每日的生活资料，生活资料稍微多一点，就可以储存起来以备贫困时期使用。

国家或公民社会不是为了这些目的而存在的，也不是为了保存物种的生存而存在的。

卢梭在这本书的结尾章节默许了这一点，他呼吁人们注意到原始生活和文明生活之间的区别（“文明”指的是生活在公民社会或者政治共同体中）。国家或者公民社会的出现，是为了满足实现道德上良善的人类生活所必需的条件的自然需要——不仅仅是为了生存，而且是为了更好的生活。

所谓的“自然状态”是不存在的，而市民社会的自然性是建立在自然需要的基础之上，而不是建立在本能之上。为什么还是有人坚持这样的杜撰，即人类是从自然状态走到一起，彼此签订社会契约以建立公民社会和国家的呢？关于国家的起源没有其他解释了吗？

有的，有一种解释可以诉诸历史记载的事实。最早的政治共同体产生于大型的部落组织，这些部落组织由于某种原因相互联系以形成一个更大的社会，即将部落或村庄联合在一起的社会。在部落中盛行的规则或者治理，是一种长者统治的专制统治，通过联合而延续进入了更大的社会。现在，专制的国王取代了部落首领，进行着绝对的或专制的统治，正如波斯的伟大国王和埃及的法老做的那样。

稍后，希腊城邦通过宪法取代了国王的绝对或者专制统治。梭伦给雅典人一个宪法，他们自愿通过这种途径建立起了雅典共和国。因此，利库尔格斯也给斯巴达人制定了宪法，斯巴达共和国也是自愿通过宪法而建立起来的。

亚里士多德意识到了这段历史，在强调了由于自然需要而满足的国家的自然性之外，他写道“第一个建立国家的人是最伟大的恩主”，他把梭伦和利库尔格斯看作国家的缔造者铭记于心。因为在亚里士多德看来，由部落首领的统治延伸而来的绝对或者专制统治，是与国家不协调的。这个国家指的是公民社会或者政治共同体。

如果人类本质上不仅仅是社会性的，也是政治性的，那么他们有一种自然的倾向和需要去参与治理。只有当他们成为一个共和国的公民，在宪政政府的条件下生活的时候，这种倾向和需要才有可能得以实现。然后，他们会拥有政治自由，这意味着他们在自己的同意之下被政府管理，并且能够在治理当中拥有发言权。

自愿通过宪法建立的共和国，以公民为统治阶级，管理政府的行政人员的权威和权力，总是受到宪法限制。这是一个对于国家的起源，比卢梭的社会契约理论更好的，更符合历史的表述。

卢梭，不亚于亚里士多德，将一个受到宪法管理的共和国或者公民社会视为唯一合法的文明管理形式。没有它，就没有真正的政治共同体。其他任何在极权或专制统治下的政府组织形式都是不恰当的，既不是严格的部落组织，也不是真正的政治共同体。

另外两个错误也应该简短地说明一下。其中一个错误是由卢梭造成的。他指出，一个公民社会是在个人同意的社会契约条件下缔造的，每一个人在“团结所有人的同时，仍然遵从自己，并像以前一样保持自由”。

生活在治理之下，即使是最完美的宪政政府，也不可能让个人仅仅遵从自己的意愿。他不再“像以前那样自由”，卢梭的意思是“像他订立社会契约之前的自然状态之下一样自由”。这种在杜撰的自然状态中的自由是完全自主的。他为自己立法。

依据卢梭的说法，当他通过社会契约或者其他途径变成公民社会中的一员的时候，他不得不放弃这种完全的自主。这种不受限制完全自主的自由，被受到公民社会限制的自由所取代。这种自由是在政府管理之下的自由，而非脱离于政府的自由。

与生活在公民社会中，受到政府管理不相容的完全自主，使我们认识到近代关于人类社会的另一个典型的错误。这是一个在古代或中世纪都没有发现的错误。19 世纪，它在这些无政府主义的哲学家，例如克鲁泡特金、巴枯宁的作品中发现。这个错误认为在没有政府、没有正义法律的强制执行的情况下，人们可以和平友好地生活在一起。这不仅是可能的，克鲁泡特金和巴枯宁甚至还将国家和政府看作不可避免的恶来消灭掉。

无论从哪条进路来看，乌托邦所设想的都是和平的无政府状态，但鉴于人类的本性，没有什么比这个更不可能了。

对和平的无政府状态的乌托邦幻想与任何乌托邦梦想一样，是不可行且无法实现的。①

---

① 在我之前的一本书《天使与我们》(1982) 的第 11 章，题目为“天使政治”，简洁地解释了为什么和平的无政府状态是和天使一样荒谬的幻想的乌托邦。

第十章

人类存在

/

1

当人们在追问某物是否存在的时候，心灵中的想法是什么呢？

首先，人们追问的是这个东西是否是真实的。它是否存在于真实世界，独立于我们的心灵，无论我们是否能够思考或知道它，或者它只是我们在运用感知和思考能力时，存在的一个对象呢？

人们可能想到的第二个问题是事物的存在方式。它是否存在，并且依赖于自身而存在，而不是作为其他事物的一部分或一方面而存在——或者仅仅是以后者的方式存在？如果它与其他事物一起存在，这些事物作为一个有组织的集合，一起构成了整个现实，那么它就是作为一个部分而存在，而不是完全依赖自身而存在。但是，如果这些其他事物中的一个不再存在，它却仍然存在，那么它就不是那个事物的一部分，正如桌子不存在了，桌子的腿也就不存在了。

在古代哲学中，“实体”（substance）与“偶然”（accident）这两个词用来区分那些依赖自身而存在的东西和依赖他物而存在的东西。这种术语不再流行，并且可能导致误解。因此，我将使用更熟悉的词语“事物”（thing）和“属性”（attribute）来替代它们，用以表述过去所说的具有实体性的和偶然性的东西。

还有另外一个问题涉及存在的连续性或持续性。与一个事物相比，或者说与其属性相比，事件（event）是持续很短的存在。例如，一道闪电，我们认为它是瞬间的事件；一声长雷，我们认为它是持续了一小段时间的事件，其开始、中期和结束都在非常短的时间内完成。因此，我们不会把它称作一个事物。相比之下，一座房子已经屹立了一个世纪或者更久的时间，在那段时间内经历着变化，这不是一个事件，而是一个事物。

在物质世界、物理现象界，事物是唯一的存在，是变化的主体。事件不会变化，事物的属性本身也不会发生变化。未成熟苹果的绿色，不会变成成熟苹果的红色。相反，是苹果的性质发生了变化，使其从绿色变成了红色。当苹果从这里移动到那里，它还是那个苹果。当人类的婴儿在尺寸、体重方面和其他方面发生变化时，当他长大，并非这些属性或特征被其他属性或特征所替代，而是这些属性或特征随着成长而发生变化。

事物存在的易变性涉及了另一个重要的观点。一个事物在任何方面都会发生变化，它本身必须在整个过程中保持自身的同一。如果它不保持自身的同一，我们怎么可能把它说成是变化的呢?

简而言之，改变的主体必须具有持久可识别的身份。它也必须具有持久的同一性。如果事物是一个整体，它具有组成部分，那么它当然就是可分的；但是如果它要保持是一个变化的单一主体，它就必须保持不可分割。当它被分割了，它就不再是那个单独的事物了。

那么，人类是如何存在的呢?基于我们共同的经验，我们对这个问题的常识是，人类是作为个体事物而存在的，具有多重属性，这些属性在变化的时候，个体的人还是保持着同一。

刚才所说的看起来似乎是简单明了的，甚至不值一提。但这一点并非不重要。没有作为变化主体的个体事物所具有的那种可识别的身份，人类就无法对其行为承担道德责任。

我们对此事的常识远不止于此。在我们日常感知经验的世界中，所有的物理对象——椅子、桌子、房屋、汽车、宠物、花园里的树、石头和雕塑，所有的一切都是独立的事物，都有经受变化的持久身份。我们认为它们具有那些我们曾经经验过的各种各样的可感性质——颜色、质地、气味等。

2

我们生活的这个世界的常识性图景，似乎被当代的物理学家告知我们的东西粉碎了。

我永远不会忘记，50多年前，当我读到亚瑟·爱丁顿爵士的吉福德讲座《物理世界的本质》（*The Nature of the Physical World*）时受到的震惊。在开场白中，亚瑟爵士告诉他的听众，他站在那里，他面前的桌子看起来是如此稳固，如果他试图打穿它，就会弄伤他的拳头。实际上，这个桌子是一个很大的空的空间，在这个区域里，许多细小的看不见的东西在以它们最快的速度移动，以各种各样的方式彼此互动，使得桌子对我们来说是稳固的，具有特定的尺寸、形状和重量，并且具有了其他特定的可感质量，例如颜色、光滑度等。

“表象与真实！”正如亚瑟爵士所言，他心灵中似乎毫无疑问地可以分清哪个是哪个。演讲者和他的听众都可以通过他们的眼睛感知到、通过手触摸到那张桌子。对于他们来说，这张桌子似乎具有一个持久的可确认的身份，可以不断变化，同时又保持着同一。这就是表象，与运动中的不可触摸的、无形的真实的原子微粒相比的话，这种表象甚至可以被称作虚幻。这些运动中的原子微粒填充了可见的桌子占据的空间，这个空间大部分都是空的，尽管我们无法穿透它。

当我通过思考桌子来思考我自己和其他人类的时候，我最初的震惊变得更大了。我们与桌子没有什么不同。我们也是独立的物理事物。我们对自己和彼此来说，看起来也可能与桌子一样结实，也许触摸起来更加柔软，但对于触摸的手指来说，一样难以穿透。但是，实际上，我们表面上稳固的身体占据的空间，和桌子占据的空间是一样的。无论我们的身体具有什么样的属性或特征，当我们通过感官感知它们的时候，它们都是由粒子的运动和相互作用而产生的，而粒子本身是没有这些可感的特征的。（依据这个观点，构成我们普通感知经验的所有对象的不可感知的粒子，仅仅具有数量的特征，根本没有可感知的特性。后者，它的持续存在仅仅在于我们感知对象的意识中，而不存在于对象自身。它们在现实中是没有地位的。因此，就产生了一个被称为“第二性的质”的谜题。这个谜题总是伴随着原子论者易于滑向的还原论谬误。）

如果我们每个人都不再是一个独立的事物，而是变成一堆物理粒子，并且是在一生中还不相同的物理粒子，那么我们的个人身份认同，或者你的身份认同，以及随之而来的对我们的行为负有的道德责任又会变成什么样子呢？

面对这里提出的问题，让我们采用一种简单的方法，立即消除这个困难。这个简单的方法是将两个图景看作方便和有用的虚构。一个是我们关于事实的常识和普遍经验，另一个是物理学家给我们的那个。第一个服务于我们日常生活中，所有实际的迫切需要。第二个，通过技术创新的应用，给我们带来非凡的优势，并控制着我们生活的物理世界。

以这种方式对待两种不同的看待世界的方式，即一个我们生活的世界，和一个我们作为生物存在的世界，是没有冲突的。我们不需要追问什么是真实的，什么是纯粹的表象或者幻觉。

在 20 世纪中叶之前，原子主义理论被认为是一个有用的科学假设，因此对于一个由健全的哲学支持的常识观点的现实是不构成挑战的。从古代的德谟克利特开始，到近代的牛顿和道尔顿，原子都被看作是物质不可分割的单位。用卢克莱修的话说，它是“固体单一性”的单元，里面没有缝隙，因为任何复合材料都必须包含了一个空隙。因此，可分割的物体是由原子组成的。

我们知道，19 世纪晚期到今天，许多事情发生了翻天覆地的变化。对原子的真实存在已经没有任何质疑了，并且现在原子也是可分割的，在微观上，它充满了空隙，在宏观上，它充满了太阳系的真空。在这个真空中，可以通过精密的探测装置发现最基本的微粒，它的真实存在，是通过观察到的现象推断而得以验证的，这些现象除假定是这些基本微粒的存在之外，无法给出更好的解释。

让我确定最后一点是完全清楚的。基本粒子，是可分原子的运动组成部分，对我们的感觉来说，本质上是不可察觉的。正如一位当代作家所言，它本质上是不可勾勒的——原则上是不可勾勒的。它们和它们构成的原子，没有任何普遍经验的可感知的物理事物所具有的那种可感知的品质。基本粒子甚至不具有原子和分子所具有的定量性质，如大小、重量、形状或结构。

维尔纳·海森堡对这件事的表述证实了基本粒子的不可描

绘性是多么彻底。他写道：

> 现代物理学中不可分割的基本粒子所占据的空间的性质，并不高于其他特性，例如，颜色和材料的强度。它们不再是那个词语特定含义上的实体。[①]

海森堡接着说，它们只能是在质量和能量是可交换的意义上的物质单位。根据他的说法，这些基本物质“能够以不同的形式存在”，但“总是以确定量（definite quanta）的形式出现”。这些确定量的质量 / 能量不能仅仅被描述为粒子，因为它们就像波浪或者波包一样。

说到原子和分子，我们是否被要求不能说出那些关于它们的，看起来是依据我们自身或其他共同经验的可感事物所说的那些话？由于它们可移动和可变化的组成部分，它们也是可以分割的整体。与构成它们的基本粒子相比，它们的真实性如何呢？如果我们能够用肉眼看到一个原子或分子，我们就不会被迫说它看起来是被感知的——一个固定的，不可分的实体，但

---

① 《核科学的哲学问题》(*Philosophic Problems of Nuclear Science*)，第55~56页。

是在现实中，我们感知到的只是一个幻觉吗？

这里我们面临着的还是还原论的谬误，不仅仅在科学家中，而且在当代哲学家中，这个错误在我们这个时代已经变得非常普遍。它认为那些物理世界的终极组成部分，比构成这些基本成分的复合体更为真实。还原论则可能更进一步，断言这些终极组成部分是唯一的真实，把其他事物贬低到仅仅是表象或幻象的地位。

3

这种还原论的谬误，这种哲学上的错误，应该如何纠正呢？如果我们对事物的常识性观点和一种关于本性的哲学经过验证是相符的，那么这种错误就能得到修正吗？

在我试图提出一个解决方案之前，请让我首先确定科学与常识之间的冲突是清晰的。我现在坐着的椅子确实占据了一定的空间。也就是说，一方面，我们说这个空间被一个我们感知到的单一的、稳定的实体填满了；另一方面，我们又说这个同样的空间很大程度上是由正在移动的、相互作用的不可感知的粒子填满了，这两个说法是互相矛盾的。

这个冲突或矛盾不仅仅在充满的或者空的空间之间。它还包含了一个和多数之间的矛盾。在以常识为基础的哲学看来，我们常识中的椅子，不仅仅是一个实体，而且从更基本的意义上来说是一个单一的存在。而物理理论中的椅子，则是由一个不可简化的多数分离的单元构成，每一个单元都有自己独立的存在。

如果那个统一的存在，即坚实的椅子，以及它所有可感的品质，都被当作感觉经验强加在我们身上的幻觉而被抛弃掉，那么就没有冲突存在了。或者如果物理性的原子、基本粒子、波包或者质量和能量的量子都仅仅是理论上的实体，而没有真实存在（即，如果它们仅仅是没有物理性真实存在的物质形式），那么它们为了理论目的，作为一个有用的虚构，对于除我们经验到的椅子实体之外，什么是真实存在的观点，也不构成任何挑战。

然而，如果同一类别（the same kind）的真实存在既归因于常识观点表述的实体，又归因于物理学观点所描述的实体，那么我们就不能避免地必须解决这个冲突。

解决这个冲突的线索和暗示包含在前面句子中的“同一类别”这四个字。固定实体的椅子和不可感的粒子都有真实的存在，但是它们的真实存在不是同一类别的，也不是同样次序或程度的。基于这个事实，冲突就可以得到解决。接下来，矛盾也变得仅仅是表面上的了。

如果这两个断言以相互关联的方式得到了和解，既支持琼斯在一个特定的时间坐在一把特定的椅子上的表述，也支持史密斯同时坐在同一把椅子上，并且没有坐在琼斯身上或者椅子的扶手上，并且的确是琼斯坐着的地方这个表述，那么这个问题就不能解决。这两个关于琼斯和史密斯的表述不可能同时为真，也不可能得到调和。

由作为不可感知的组成部分的核粒子构成的椅子，与作为一个独立事物的可感知的有固定实体的椅子，同时占据了相同的空间。这两个断言可以通过我们区分表述现实不同的等级或程度的方式，来进行区分，从而使得矛盾得到调和。

维尔纳·海森堡使用“势能（potentia）——存在的潜能”这个术语来形容基本粒子所具有的非常低的、可能是最微弱的真实性的程度。他写道：

> 在关于原子事件的实验中，我们必须处理事物和事实，而这些现象和日常生活中的任何一个现象一样真实。但是原子或者基本粒子并不一定是真实的；它们形成了一

个潜在的或者可能的世界，而非一个事物或事实。[①]

海森堡说，基本粒子不像日常生活中可感知的个体事物那样真实，但不能否认它们仍然具有一定程度的真实性。

仅有的可能是，根本没有实际的存在，没有真实性。那些具有潜在的存在和朝向存在的趋势具有一些，也许是最低程度的真实性。勉强（barely）比仅仅（merely）多一些可能性。

现在让我总结一下这个问题的解决方案，它纠正了由还原论谬误引起的哲学错误。它包含了两个步骤。

1. 如果粒子和椅子都被认为具有相同的方式或者等级的存在，那么核物理学的基本粒子的真实性与作为独立可感实体的椅子的真实性就是不可调和的。同样的事情对核粒子和它们组成部分的原子来说也是一样的。粒子的真实性小于原子，也就是说，它们的真实性比较低。我认为，这就是海森堡陈述的意义，即粒子处于潜在的状态——“存在的可能性或者存在的倾向性”。

2. 当一个物理实体的物质成分孤立地存在时，与当它们进

① 《物理与哲学》（*Physics and Philosophy*），第 186 页。

入一个实际的实体构造时，其存在方式是不能相同的。因此，当椅子作为一个实体而实际存在时，构成它的大量原子和基本粒子的存在就仅仅是虚拟的。因为它们的存在仅仅是虚拟的，因此它们的多样性也是虚拟的；它们虚拟的多样性与椅子的实际统一性并不矛盾。同样，对于构成它们的一个单个的原子以及构成该原子的核粒子，或者对于构成它的一个单个的分子以及构成该分子的各种原子，也是一样的。当一个原子或者一个分子实际上作为一个物质单位而存在时，它的物质组成部分只有虚拟的存在。因此，它们的多样性也只有虚拟的存在。

那些虚拟的存在比纯粹潜能要具有更多的真实性，但其真实性没有完全真实存在的多。只有当部分分解或者打破它的组成部分的时候，作为整体部分的虚拟存在的组成部分才会变成完全真实的。

物质组成部分的虚拟存在和多样性并没有消除其具有实际存在和实际多样性的能力。如果那个实质的椅子，或者一个单一的原子，被爆炸成为其最基本的物质组成部分，基本粒子将会假定那些孤立的粒子的实际存在模式是在回旋加速器中；它们的虚拟多样性就会转变为一种实际的多样性。

这里的临界点是，粒子作为离散的单元，并且具有实际的多样性的存在模式，与它们作为实际存在的一个椅子的物质组成部分的存在模式，是不能相同的。

如果我们把同样的存在方式分别赋予回旋加速器中的粒子，和组成一个实际存在的椅子的粒子，那么核物理学与断言物质对象真实存在的哲学理论之间的冲突就不再是一种表面上的冲突。它会成为一种真正的冲突，一种不可解决的冲突，因为相互矛盾的理论是不可调和的。但是如果两者被赋予不同的存在模式，相互矛盾的理论就可以得到调和。

不仅物理学提出的物理世界观与常识所持有的观点之间的冲突得到了调和。我们也可以得出这样的结论：感知个别事物的共同经验具有更高程度的真实性。这同样适用于我们经验这些事物所具有的感知品质——也称作“第二性的质”。它们不仅仅是在现实世界中完全没有地位、独立于我们的感觉和心灵的意识的虚构。

有了这个结论，对于人类存在的现实性和对个体身份认同的挑战就消除了。毫无疑问，我们每个人都对自己的行为负有道德责任。

结语 近代科学与古代智慧

1

近代杰出的成就和智慧荣光是经验科学和应用得如此之好的数学。它在过去的 3 个世纪所取得的进步，以及由此带来的技术进步是十分惊人的。

古希腊和中世纪取得同样伟大成就和智慧荣光的是哲学。我们从这些时代继承和累积了智慧。这也同样令人叹为观止，尤其是当人们考虑到近代所取得的哲学进步是如此少的时候。

这并不是说哲学思想在过去的 300 年中没有取得进步。进步主要发生在逻辑学、科学哲学和政治理论中，而不是形而上学、自然哲学或心灵哲学，尤其是道德哲学中。在古希腊和中世纪晚期，从 14 世纪开始，科学一点也不景气。相反，基础打在了数学、物理学、生物学和医学之中。

古希腊人及其中世纪的继承者们，在形而上学、自然哲学、心灵哲学和道德哲学中所做的一切，不仅仅为我们所拥有的合理的理智和智慧点滴奠定了基础，他们还没有犯任何可以摧毁近代思想的哲学错误。相反，他们具有的洞见，为我们修正这些哲学错误提供了方法，并做出了不可或缺的贡献。

在最好的情况下，调研性的科学为我们提供了关于现实的知识。正如我在本书早些时候所讨论的，哲学至少是关于现实的知识，而不是纯粹意见。比这更好的是，它是通过理解启发的知识。最佳状态是它接近智慧，兼具推理与实践。

正因为科学是调研性的，哲学不是，人们才不应该惊讶于科学的显著进步和哲学进步的显著缺失。正因为哲学是建立在人类共同的经验之上的，是对常识的提炼和阐述，是对人类共同经验反思的理解，哲学在早期就成熟了，超越这个成熟的点之后的发展就都是轻微和缓慢的。

科学知识的改变、成长、提高、拓展，是科学作为一种调研模式的需求必须依赖的特殊经验——观测数据的改进和积累的结果。哲学知识不会因同样条件而改变或增长。共同经验，或者更准确地说，这种经验的一般轮廓和共同核心，对哲学家来说历来都保持相对恒定。

17 世纪的笛卡儿、霍布斯，18 世纪的洛克、休谟和康德和 20 世纪的阿尔弗雷德·诺斯·怀特海和伯特兰·罗素，在这方面并没有比古代的柏拉图、亚里士多德，或中世纪的托马斯·阿奎那、邓斯·司各脱和罗杰·培根更有优势。

2

近代思想家如何避免那些如此灾难性并带来严重后果的哲学错误呢？在前面的章节中，我已经给出了建议的答案。每当发现一个先验哲学家的结论站不住脚的时候，要做的就是回到他的出发点，看看他是否在一开始就犯了一点错误。

康德对休谟的回应，是一个显著的遵守这个规则失败的例子。休谟的怀疑主义结论和现象论是康德所不能接受的，即使它们把他从教条主义的迷梦中唤醒。但是，康德认为有必要构建一个庞大的哲学机器，用来得出相反的结论，而不是从一开始就寻找休谟的错误，然后忽视了正是这些错误引起了休谟得出那些他不可接受的结论。

哲学机器的复杂性和设计的巧妙性令人敬佩，即使那些怀疑整个事业的健全性，认为有必要如同放弃休谟的结论那样，也同样放弃康德的结论的人也不禁赞叹。虽然他们在论调上是对立的，但他们也没有给我们找到真理以真正的帮助。要做到这一点，必须从修正休谟开始之处的小错误，以及修正更早之前洛克和笛卡儿的错误入手。要做到这一点，必须掌握哲学近代思想家不熟悉的洞见及其区别。为什么会这样，我会尽快地解释。

我刚才所说的康德与休谟的关系，也适用于从霍布斯、洛克到休谟的英国经验哲学的整个传统。如果把洛克和休谟一开始所犯的那些小小的错误加以排除，那么 20 世纪的语言和分析哲学与逻辑实证主义所试图消除的那些哲学难题、悖论和伪命题就不会产生了。

那么最初这些小错误是怎么产生的呢？第一个答案是，需要被认识或理解的东西并没有被发现或者了解。这样的错误是可以原谅的，无论它们多么令人遗憾。

第二个答案是，错误产生于应该受到责备的无知——对已经发现和详细阐释的基本观点、不可缺少的洞见或成就的无知。

近代哲学家在一开始犯的小错误主要就是第二种方式。他们是教育失败的丑陋遗迹——一方面，是由于学习传统的腐坏，另一方面是由于对前人成就的对抗性态度，甚至是蔑视。

3

十年前，1974—1975 年，我写了我的自传，一个名为《大哲学家》（*Philosopher at Large*）的传记。当我现在重读它的总结章节，我可以看到现在这本书的主旨是从那里开始的。

我坦率地承认我致力于研究亚里士多德的智慧，包括推理的和实证的，以及他伟大的门徒托马斯·阿奎那的智慧。纠正近代的哲学错误必需的基本洞见和不可缺少的成就就源于他们的思想。

在那本书的结论提到的那些事情也在这本书的总结章节中重复出现了。因为我不能改进我十年前写过的东西，所以我将摘录和解释我说的话。

在同时代人的眼中，“亚里士多德主义者”这个标签具有指责的言外之意，它具有的这种言外之意源于近代开始的时候。说一个人是亚里士多德主义者带有一定的贬义，这表明他是一个封闭的心灵，如此地臣服于一个哲学家的思想，以至完全不被他人的洞见或论点所影响。

然而，亚里士多德主义者或其他哲学家的忠实信徒，当然有可能盲目或没有创见地坚持他的观点，错误而又虔诚地断言他所说的所有东西都是正确的，说他从不出错，或者他已经垄断了真理的市场，不存在任何错误或缺陷。

这样的断言实在是太荒谬了，只有傻瓜才会承认它。那些愚蠢的亚里士多德主义者一定是 16 世纪和 17 世纪在大学里教哲学的愚顽的学者。他们或许应该对激烈地反对亚里士多德负有责任，同时也是对他的思想公然的误解和无知，这也在托马斯·阿奎那、弗兰西斯·培根的思想中发现，笛卡儿、斯宾诺莎和莱布尼茨的思想中也有。

愚蠢并不是亚里士多德主义者特有的苦恼。在 19 世纪，在那些自称是康德主义者或黑格尔主义者的人中间，以及在我们这个时代，那些以自称为约翰·杜威或路德维希·维特根斯坦的门徒而自豪的人中间，肯定可以找出这样的例子。但如果有可能成为一个近代思想家的追随者，而不是走向极端的愚蠢的人，同样也不可能成为一个完全忽视亚里士多德的错误和不足，同时接受他所有能教导的真理的亚里士多德主义者。

即使承认有可能成为一个亚里士多德主义者，而不被教条化，在近几个世纪和我们这个时代，成为亚里士多德主义者比成为康德主义者或黑格尔主义者、存在主义者、效益主义者、实用主义者或者其他一些人更不值得尊敬。例如，我知道我对于亚里士多德《伦理学》是一本西方道德哲学传统中独一无二的，是唯一健全的、实用的和非教条主义书的评价，会激起许多同辈人的义愤。

如果康德或约翰·斯图尔特·密尔的门徒在一本书中，为康德主义或效益主义在道德哲学中具有的地位，做出同样的陈述，那么人们就会毫不犹豫地接受它。例如，在 20 世纪，人们一次又一次，并且毫无疑问地说伯特兰·罗素的摹状词理论在语言哲学中至关重要的地位；但对我来说，我不会对亚里士多德主义者或者托马斯主义者的符号理论做出相同的评价（加上它使得罗素的摹状词理论进入比目前流行的观点更好的角度）。

为什么会这样？我唯一的答案是必须相信，因为亚里士多德和阿奎那很久以前就开始思考了，所以在以后出现的那些错误的事情上，他们理所当然地不应该是正确的。在过去的三四百年里，哲学思想领域肯定发生了很多事情，这要求一个开放心灵的人放弃他们的教导，去追求一些更近代的，因此被看作是更好的东西。

我对这一观点的反应是负面的。我已经在亚里士多德和阿奎那的作品中发现了错误，但并不是我对近代哲学作品的阅读引起我对这些错误的注意，也没有帮助我去修正它们。相反，正是我对支配亚里士多德和阿奎那思想的那些基本原则和构成性洞见的理解，为修正或扩大他们的那些错误观点提供了基础。

依我看，近代哲学一开始就非常糟糕——英国的霍布斯和洛克，欧洲大陆的笛卡儿、斯宾诺莎和莱布尼茨。这些思想家中的每一个都表现得好像没有前人值得商榷，仿佛他们是从一个零起点开始，第一次构建整个哲学知识似的。

在他们的作品中，我们找不到丝毫证据，证明他们和亚里士多德一样，认为没有人能够仅仅依靠自己，独自获取真理，尽管人类集体也不会累积和获取太多的真理；他们也从来没有表现出一点点与前人的观点协商的意愿，以便从他们的思想中获益，避免他们犯的错误。相反，在没有任何仔细地、批判地检验前人的观点的前提下，这些近代思想家就彻底否认了过去作为一个发现错误的宝库。他们对哲学真理的发现源于自己。

因此，由于对西方近两千年的思想传统中可以发现的真理的无知和误解，这些近代思想家在他们的初始之处和最初的假设中犯了重大错误。这些错误可以部分地通过对过去的对抗，甚至对它的轻蔑得以解释。

这种对立性的解释，在于这些近代哲学家年轻时所学习的教师的特点。这些教师没有通过探索过去那些伟大哲学家的著作的途径，把哲学传统当作一个有生命的东西来传承。他们没有阅读和评价亚里士多德的著作，举例来说，正如13世纪的那些伟大导师做的那样。

相反，那些在16世纪和17世纪的大学中担任教师职位的愚顽学者们，通过一种隐蔽的术语，而非它本身的洞见包含的专业术语，以一种致命的、教条主义的方式呈现了这个传统。他们的讲座一定和大多数教科书、手册一样枯燥无味，毫无启发性。他们的考试一定要求一种模仿古典教义的口吻，而非理解他们所代表的精神。

毫不意外，早期的近代思想家们被误导了，倒退了。他们的抵触，虽然可以得到解释，但不能完全被原谅，因为他们本可以在成年的时候翻阅亚里士多德或阿奎那的文本，通过敏锐而批判地阅读来弥补损失的。

他们没有这么做，可以从他们的主要作品和知识性的传记中得以确定。当他们拒绝继承来自过去的某些教义观点的时候，很明显他们不能正确地理解它们。此外，他们所犯的错误是由于无视他们试图解决的问题高度相关的成就和洞见而引起的。

除了极少数的例外，对 16 世纪之前的哲学成就的这种误解和无知一直是近代思想的困扰。它的影响不局限于 17 世纪和 18 世纪的哲学家。在 19 世纪和我们今天哲学家的作品中也是常见的。例如，我们可以在路德维希·维特根斯坦的作品中找到这些错误，他虽然天生才华横溢、富有哲学热情，但他处理问题时却在黑暗中蹒跚而行，那些他不知道的问题，他的前近代的前辈们已经给出了很大的启发。

近代哲学从未从错误的起点中恢复过来。就像在流沙中挣扎的人们，通过挣扎来解脱自己，却增加了他们的困难。康德和他的继承者们，他们努力使自己摆脱那些由笛卡儿、洛克和休谟在道路上留下的泥泞，所付出的艰苦的，甚至是巧妙的努力，为近代哲学增加了多重困难和困惑。

为了重新开始，只需要打开过去那些伟大的哲学书籍（尤其是亚里士多德和他的传统著作），去努力阅读它们，理解它们的价值。恢复那些长期隐藏在视野之外的基本的真理，才会根除那些在近代已经造成如此灾难性后果的哲学错误。